Alfred Pompe

Die brennende Tür

Tragikkomödie

Die brennende Tür
© 2010 by Alfred Pompe
Alle Rechte vorbehalten

Coverfoto:© Julia Bärwinkel

Herstellung und Verlag:
Books on Demand GmbH, Norderstedt
ISBN 978-3-8370-4404-1

Erstes Kapitel

Es war einer jener goldenen Frühlingstage, die den kommenden Sommer ankündigten. Die Sonne schien und jenseits des Fensters blühten die Apfel- und Kirschbäume im Park des Klinikgeländes. Es war früher Nachmittag an diesem Sonntag. Markus sah aus dem Fenster. Er überlegte kurz ob er ein wenig spazieren gehen sollte, denn es war trotz allem immer noch sehr kalt. Eigentlich zu kalt für die Jahreszeit. Dennoch hatten sich einige der Patienten auf die Bänke zurückgezogen oder wandelten zwischen den Bäumen umher, gehüllt in dicke, gefütterte Jacken.

„Was meinst du Moritz?" Er setzte einen kleinen, blauen Plüschhund auf das Fensterbrett und ließ ihn hinaus sehen. „Sollen wir runter gehen?" Doch Moritz zog es vor zu schweigen.

„Du hast recht," seufzte Markus. „Es ist einfach zu kalt. Ein Wunder dass kein Schnee liegt." Zärtlich nahm er Moritz in seine Arme und umrundete die Treppe. Markus' Ziel war der Raucherraum, in dem sich viele der Patienten nach dem Mittagessen trafen um ihre Verdauungszigarette zu genießen. Markus öffnete die Tür. Dichter Rauch empfing ihn, denn wegen der Kälte war das Fenster geschlossen. Ganz öffnen hätte es sich ohnehin nicht lassen, was keinen Zweifel an der Tatsache ließ, dass die Klinik eine psychiatrische Einrichtung war. Der Raucherraum war nüchtern eingerichtet und wirkte noch leerer als der Rest der Station. Ein Tisch, vier Stühle und eine von Spinden gezierte Wand waren die ganze Einrichtung. Alles war aus Holz, alt und abgewetzt. Die Spinde selbst waren offen und unbenutzt. Selbst Markus, der schon seit einigen Wochen hier weilte, wusste nicht, wozu sie einst gedient hatten.

Mit wedelnder Hand versuchte er den dichten Nebel zu vertreiben. Um diese Zeit war der Raucherraum meist voll, doch diesmal nicht. Nur Renate, Stefan und Christian waren hier, die vor überquellenden Aschenbechern am Tisch saßen. Markus platzte mitten in ein Gespräch.

„…die Zicke bringt mich noch mal ins Grab," wetterte Renate und Markus konnte sich ein Grinsen nicht verkneifen. Renate hatte schon immer eine Art sich so aufzuregen, dass sie damit die ganze Station unterhalten konnte. Markus wusste auch sofort wer das Ziel dieser verbalen Attacke war.

„Hi Markus, setz dich doch!" Christian zog den letzten freien Stuhl nach hinten. Christian war Markus' Zimmergenosse, etwas paranoid und durchgeknallt, aber das waren hier letztlich alle irgendwie. Heute jedoch schien er einen guten Tag zu haben.

„Oh, hallo Moritz. Alles klar?" Renate wechselte das Thema mit lässiger Selbstverständlichkeit. So schnell sie auf die Palme zu bringen war, so schnell ließ sie sich auch wieder ablenken. Markus kraulte Moritz hinter den Ohren.

„Ihm ist es zu kalt zum spazieren gehen," antwortete Markus und setzte sich. „Geht es hier wieder um Olivia?" Markus fachte das Thema wieder an, was Stefan mit einem verzweifelt klingendem Seufzen quittierte. Mit einem leichten Kopfschütteln drückte er seine Zigarette aus während Markus eine verbeulte Schachtel aus seiner Hosentasche zog.

„Die dumme Kuh hat mir heute Morgen schon wieder vorgeworfen, dass das ganze Zimmer nach Rauch stinken würde und herunter gebetet wie schädlich doch das

Rauchen ist." Renate schien sich wieder etwas beruhigt zu haben, doch Markus wusste, dass dies war nur vorübergehend war. Sie war für ihre Stimmungsschwankungen und Gefühlsausbrüche berüchtigt. „Und über's Mittagessen hat sie sich auch aufgeregt." Sie fuchtelte mit den Händen in der Luft. „Was sind wir doch alle für böse Mörder..." Sie lacht sarkastisch.

„Die haben ihr einfach das Fleisch aus dem Hühnerfrikassee genommen und ihr bloß den Reis mit Soße vorgesetzt," ergänzte Christian. „Vielleicht schmiedet ja einer ein Komplott gegen sie."

„Natürlich, wir alle." Renate lachte und Markus grinste. Er hatte miterlebt was für ein Theater Olivia veranstaltet hatte. Sie hätte beinahe den Teller an die nächstbeste Wand geworfen. Olivia war eine besserwisserische und hyperaktive Esoterikerin, militante Nichtraucherin und Vegetarierin. Und was das schlimmste von allem war ihr Missionierungswahn. Sie wollte und musste jeden Patienten der Station bekehren. Um jeden Preis. Dass sie damit natürlich zum Ziel des Spotts im Raucherraum würde, lag auf der Hand. Denn hierher würde sie sich niemals wagen. Markus setzte Moritz auf den Tisch, bot ihm eine Zigarette an und zündete die seine schließlich an. Tief inhalierte er den Rauch. Erst jetzt fiel im der Zettel auf, der kürzlich an einer der Spindtüren geklebt worden war. *Wenn sie einen bindungswilligen Mann suchen, dann gehen sie in die Irrenanstalt (Mae West)* stand dort zu lesen. Markus grinste erneut. Er liebte Selbstironie.

„Was steht morgen eigentlich auf dem Programm?" fragte Christian.

„Keine Ahnung," erwiderte Renate und zuckte mit den

Schultern. „Gruppengespräch und kommunikative Bewegung glaube ich. Der übliche Unsinn halt."

„Zum Glück keine Gymnastik," Christian schien erleichtert. „Die Hermann hat doch irgendwas zu verbergen. Da steckt mit Sicherheit was dahinter. Ganz geheuer ist mir die nicht. Wie die einen ansieht. Irgendwas hat die vor. Die steckt doch mit dem Ganzenhauer unter einer Decke."

„Du siehst schon wieder Gespenster."

„Wenn ich es dir doch sage!" Christian ließ nicht locker und griff sich ohne zu fragen eine von Renates Zigaretten. Sie ließ ihn gewähren. Markus hingegen rauchte schweigend. Ihn kümmerten die Gespräche im Raucherraum recht wenig. Für all den Klatsch und Tratsch hatte er kein Interesse, das überließ er den Frauen. Lediglich Christians Verschwörungstheorien inspirierten ihn manchmal. Er witterte hinter jeder nur erdenklichen Ecke Verrat und Intrige gegen ihn, was ihn letztlich auch hierher gebracht hatte. Markus beugte sich zu Moritz hinüber, nahm eine Zigarette aus der Schachtel und drückte ihm diese zwischen beide Pfoten. Der Plüschhund war sein treuer Begleiter, jemand, der stets zuhörte und sich nie beschwerte. Ganz im Gegensatz zu manchem Patienten hier in der Klinik.

„Die Elena ist doch eine alternde Jungfer, die noch nie einen nackten Mann gesehen hat." Renate grinste. Schwester Elena war recht streng und auch ein wenig schrullig, da musste Markus ihr beipflichten. Doch mit ihr war er stets gut ausgekommen. Hier an diesem Ort musste man die Menschen eben nehmen, wie sie waren. Es gab keine anderen.

„Mit Arsen und Spitzenhäubchen. Ha." Stefan meldete sich zu Wort, was reichlich selten vorkam. Er war der stillste auf der ganzen Station. Einer, dem eigentlich alles egal war. Er selbst eingeschlossen.

„Siehst du!" Christians Brust schwoll beinahe an vor Stolz. „Stefan weiß genau was ich meine."

„Du und deine Theorien..." Renate drückte ihre Zigarette im Aschenbecher aus. Etwas Asche fiel aus dem Becher und bedeckte den Tisch wie grauer Staub. „Ich wette die Elena hat was mit dem Obstler. Zusammen wollen sie alle Menschen in Klapsmühlen einweisen und diese dann übernehmen. In ein paar Jahren haben sie dann die Weltherrschaft." Renate lachte laut. Christian sah sie entgeistert an. Obstler war der gängige Spitzname für den Chefarzt, der eigentlich Dr. Ostler hieß.

„Aber natürlich. Was für ein brillanter Plan. Warum bin ich da nicht selbst drauf gekommen." Christian stützte seinen Kopf auf seine Hände und begann nachzudenken. „Wenn Schwester Elena also... hm... aber natürlich!" Er hob seinen Kopf wieder. „Deswegen haben sie mich auch hier rein gesteckt. Weil ich der einzige bin, der so was durchschauen kann."

„Veni, vidi, vici..." Stefan zündete sich eine neue Zigarette an und verstummte wieder.

„Ja genau." Christian holte tief Luft. „Wenn ich das nur vorher gewusst hätte. Meine Güte..." Er stand auf. „Ich muss jetzt mal was überprüfen!"

„Schwester Elena ist heute nicht da," erwiderte Markus.

„Eben darum. Ein guter Zeitpunkt für Nachforschungen." Christian öffnete die Tür und verschwand aus dem Raucherraum. Markus sah ihm kurz nach und wandte sich dann an Renate.

„Jetzt hast du ihm aber einen ziemlichen Floh ins Ohr gesetzt."

Renate lachte. „Jetzt hat er wenigstens was zu tun. Ich

bin schon gespannt, was diesmal dabei rauskommt."

„Ich werde es dann wohl ausbaden dürfen." Markus drückte seine Zigarette aus und steckte seine Schachtel wieder weg.

„Stimmt, du teilst ja dein Zimmer mit ihm."

„Sagt mal, der Ganzenhauer sieht aus und benimmt sich, als wäre er... vom anderen Ufer." Renate lehnte sich nach vorne in der Hoffnung auf eine zufriedenstellende Antwort. Sie war noch nicht allzu lange in der Klinik, gerade einmal eine knappe Woche. Markus grinste und Christian lachte.

„Kann schon sein," meinte Markus. Renate war mit dieser Antwort allerdings keineswegs zufrieden.

„Mal ehrlich, der ist doch schwul!" Sie hakte nach und sogar Stefan nickte bescheiden, schwieg aber. Stattdessen antwortete Markus.

„Ja, allerdings versucht er sich das nicht anmerken zu lassen." Ganzenhauer, der mit Vornamen Clemens hieß, war der Psychotherapeut der Station und zudem noch recht jung. Renate strich sich eine Haarsträhne aus dem Gesicht und griff nach der Zigarettenschachtel.

„Hat er euch das gesagt? Oder in einem der Gruppengespräche sogar diskutiert?"

Markus schüttelte den Kopf.

„Woher wisst ihr es dann?" Sie fingerte eine Zigarette aus der Schachtel und zündete sie mit Christians Feuerzeug an, das auf dem Tisch lag.

„Hat sich so herumgeschwiegen," erwiderte Markus gelassen ohne dabei aufzusehen. Renate begann zu lachen als sie an der Zigarette zog, was in einem heftigen Hustenanfall endete. Markus wurde wieder ernster.

„Eigentlich ist er ganz in Ordnung, auch wenn er mit seiner ständigen Fragerei etwas nervt." Er kraulte zärtlich den Bauch seine Plüschhundes. „Aber Moritz hört da einfach nicht hin."

„Ist wohl auch besser so," erwiderte Renate. Markus stand auf. Ihm wurde der Rauch im Zimmer allmählich zu viel. Und für die Gesprächsthemen hier hatte er sich noch nie sonderlich interessiert. Sie waren kaum mehr als ein netter und oft lustiger Zeitvertreib.

Zurück im Gang fragte sich Markus noch einmal ob er spazieren gehen sollte, doch Moritz schien keine Lust zu haben. Der Flur war leer, die Station war so still wie selten. Die meisten der Patienten waren trotz der Kälte im Park, einige alleine und andere mit Besuch. Man hätte eine Nadel zu Boden fallen hören können. Und so kehrte er in sein Zimmer zurück. Er wollte die Gelegenheit nutzen, die so selten kam.

Christian war nicht da. Markus hatte ihn auch im Flur nicht gesehen. Vermutlich stand er im anderen Flügel neben dem Schwesternzimmer um heimlich zu lauschen. Es war eine seiner Lieblingsbeschäftigungen. Die Schwestern wussten natürlich darum und ließen sich davon nicht mehr stören. Lediglich Schwester Stephanie ermahnte ihn gelegentlich obgleich sie wusste, dass sie damit nichts erreichte. Markus indes war froh, dass sein Zimmergenosse nicht hier war. So nahm er am kleinen Holztisch am Fenster Platz und setzte Moritz neben die Schreibmaschine, die dort stand. Christian nutzte den Tisch nicht und so hatte Markus genügend Platz. Papierblätter lagen auf dem ausgeblichenen Holz, mit Schreibmaschine oder von Hand geschrieben und scheinbar wahllos durcheinander. Markus war Schriftsteller, auch wenn ihm das selbst zumeist gleichgültig war. Er schrieb was ihm in den Sinn kam, erfand Märchen und fantastische Geschichten und brachte sie zu Papier. Um seinen Erfolg kümmerte er sich nicht. Das tat sein Bruder. Dieser hielt Kontakt zu den Verlagen und regelte das Finanzielle. Für die Welt außerhalb der Klinik interessierte sich Markus nur wenig. Er lebte in seiner eigenen. Und darin unterschied er sich nicht einmal besonders von Christian. Ein Grund mehr, weshalb er so gut mit ihm auskam. Auch wenn sich die Inhalte ihrer beider Fantasien unterscheiden und Markus sehr gut zwischen Realität und Fantasie zu unterscheiden vermochte. Auch wenn ihm das Herr Ganzenhauer nicht so recht glaubte. Markus kannte die Wirklichkeit sehr gut. Er interessierte sich nur nicht für sie.

Der Raum selbst war nüchtern eingerichtet, so praktisch und überschaubar wie wohl in jedem Krankenhaus. Neben den beiden Betten, einem großen Schrank und einem Waschbecken war er leer und die Wände in einem schlichtem Beige gestrichen. Lediglich der Platz über den Betten brachte durch Bilder und Zeitungsausschnitte ein wenig Farbe in den Raum. Zumindest den über Markus' Bett. Christian hatte sich auf Zeitungsausschnitte aus obskuren Magazinen beschränkt. Über Artikel über Ufos und Weltverschwörungen bis hin zu den Witzseiten der Tageszeitungen fand sich alles dort. Markus sah noch einmal aus dem Fenster, sah in den wolkenlosen Himmel und ließ seine Gedanken ziehen. Bis er sie mit dem monotonen Klappern der Schreibmaschine zu Papier brachte.

Einige Zeit später wurde die Tür hektisch aufgerissen. Markus musste sich nicht umdrehen um zu wissen wer das war. Es gab nur einen, der Türen auf diese Weise öffnete.

„Na, mal wieder eifrig dabei die Menschheit zu beglücken?" Christian schenkte Markus nur einen kurzen

Blick ehe er sich auf sein Bett fallen ließ.

„Wie lief dein Lauschangriff?" Markus schrieb seinen Satz zu ende und wandte sich dann seinem Zimmergenossen zu. Markus hatte nie viel Wind daraus gemacht, ein bekannter Schriftsteller zu sein. Er mochte es nicht für etwas besonderes gehalten zu werden. Dennoch wusste es jeder hier. Hier, wo die Menschen so dicht beieinander lebten war es schwer, Geheimnisse zu hüten. Lediglich Renate wusste nichts davon. Schließlich war sie noch neu hier. Doch es war nur eine Frage der Zeit, bis auch sie es erfahren würde.

„Schwester Tina hat irgendwas von einer Babyparty von ihrer Schwester geredet. Ist ein Junge geworden." Christian kratzte sich nachdenklich an der Nase. „Es gab Käsecreme- und Schwarzwälder Torte. Schwester Tinas Schwester hat ein türkisfarbenes Kleid getragen und..." Er seufzte kurz. „Ich sage Dir, aus dem Jungen wird noch einmal etwas ganz besonderes. So was spüre ich."

Markus lachte laut. Es gab wohl niemanden auf der Station, der sich mit dem Privatleben der Schwestern besser auskannte. Lediglich über die Therapeuten wusste er kaum etwas, denn diese sprachen kaum über ihr Leben außerhalb der Klinik. Christian hingegen ignorierte Markus' Lachen weitgehend. „Ich müsste mal an die Akten rankommen. Vielleicht steht da was drin. Von dem, was die im Schwesternzimmer quatschen, erfahre ich ja nichts." Er senkte seine Stimme ein wenig. „Die machen das doch nur um mich zu verwirren. Da steckt ein ausgeklügelter Plan dahinter. Hm... Würdest du nächste Woche einmal Schmiere für mich stehen?"

Markus wurde wieder ernst, obgleich seine Mundwinkel noch immer ein süffisantes Lächeln bildeten. „Lass man. Das gibt doch nur wieder Ärger."

Christian zuckte mit den Schultern. „Dann halt ein anderes mal."

Markus wandte sich wieder seinem Buch zu. Er wusste dass Christian die Sache schon bald wieder vergessen haben oder einen anderen, in seinen Augen besseren, Plan ersinnen würde. Er war nun einmal sehr wechselhaft.

Markus schrieb weiter während Christian ein Buch von Erich von Däniken las. Stunden vergingen und Markus bemerkte nicht, wie sein Zimmergenosse den Raum verließ. Wenn er schrieb vergaß er die Welt um sich herum, erschuf Welten und Personen, denen er Leben einhauchte und sie in die wildesten Abenteuer schickte. Nur einmal sah er auf und sein Blick fiel auf die Wand über seinem Bett. Fotografien hingen dort, zeigten Landschaften, Tiere und eine Person. Sein Blick verweilte für einen Moment dort. Es war das Bild einer jungen Frau, die mit ausgestreckten Armen lächelnd an einem Sandstrand stand. Das salzige Wasser umspülte ihre Füße und der Wind spielte mit ihrem blonden Haar. Markus lächelte. Ihr Name war Jeanine König. Sie war eine gute Freundin von Markus, vielleicht sogar die einzigste Person, die man einen Freund nennen konnte. Sie hatte all die Jahre zu ihm gehalten und besuchte ihn regelmäßig. Denn der Kontakt zu seiner Familie beschränkte sich nur auf das nötigste.

Die Tür öffnete sich, doch es war nicht Christian. Das hätte Markus gehört. Stattdessen vernahm er Renates Stimme.

„Das Abendessen ist fertig."

Markus nickte. „Ich komme!"

Er folgte Renate in den anderen Flügel der Station 3a. Gegenüber dem Schwesternzimmer stand Olivia neben dem Münztelefon und unterhielt sich mit jemandem. Es war schon fast ein vertrauter Anblick für einen Sonntagnachmittag. Es gab wohl niemandem in der ganzen Klinik, der so viel und schnell sprechen konnte wie sie. Markus aber beachtete sie kaum und erreichte alsbald den Speisesaal. Das Essen stand schon auf dem Tisch. Die Plätze waren auch alle bis auf zwei besetzt. Nur Olivia fehlte und natürlich Anna, die am Freitag entlassen worden war.

„Telefoniert Olivia immer noch?" fragte Christian, der gegenüber von Markus saß. Jeder hatte hier seinen festen Stammplatz. Markus saß am Ende des Tisches neben Stefan.

Renate nickte. „Sie hat schon den ganzen Vormittag am Telefon gehangen und geredet wie ein Wasserfall." Sie seufzte. „So wie auch letzten Sonntag," ergänzte sie mit einem leicht genervten Gesichtsausdruck.

„Und über was redet die so?"

Renate dachte kurz nach. „Das hat sie bis jetzt noch nicht gesagt."

Christian grinste. „Dann sollte sie in die Politik gehen."

Renate, die sich gerade hingesetzt hatte, stand wieder auf. Jede Woche wurde ein Patientensprecher gewählt, der dafür verantwortlich war, dass die Regeln der Station eingehalten wurden. Diese Woche hatte sich Renate für diese undankbare Aufgabe verpflichten lassen. Und das bedeutete Olivia an den Tisch zu holen ehe die Schwestern eingriffen. Auch wenn sich von diesen noch keine hatte blicken lassen. Sie verließ den Speiseraum. Was sie dabei murmelte verstand niemand mehr. Kurz darauf kehrte sie mit Olivia zurück und beide setzten sich. Die anderen hatten bereits zu essen begonnen. Moritz saß auf Markus Schoß. Schüsseln und Kannen wurden herumgereicht und die Butter wanderte einmal

13

bis zum Ende des Tisches und wieder zurück. Michael füllte sein Glas mit Mineralwasser und betrachtete es mit gespielter Skepsis. Michael, der neben Olivia saß, war ein Langzeitpatient, der immer wieder mal entlassen und alsbald meist von der Polizei zurückgebracht wurde. Er war immer auf der Suche nach dem ultimativen Kick und indem er alle möglichen Tabletten durcheinander nahm und es dabei mit den Dosierungen nicht so genau nahm. Seither florierte auch der schwunghafte Medikamentenhandel unter den Patienten. Manchmal schmuggelte er auch Alkohol in die Klinik.

„Wenn man bedenkt, was alles so im einem Tropfen Wasser lebt... Bakterien, Amöben, Mikroben..." meinte er und sah Olivia aus seinen Augenwinkel heraus an.

„Solange sie geschmacksneutral sind ist es mir wurscht," entgegnete Christian grinsend. Er hatte Olivias bösen Blick längst bemerkt. „Apropos Wurst, wo ist eigentlich der Senf?"

„Seit wann isst du Senf zum Nudelsalat?" fragte Renate nach. Sie hatte die Senftube bereits in der Hand, verharrte dann aber reglos und blickte zuerst Christian und dann seinen Teller verwundert an.

„Seit er überall seinen Senf dazu gibt," konterte Markus und bot Moritz eine halbe Scheibe Wurst an ehe er sie auf sein Brötchen legte.

Leise schloss Markus die Tür zu seinem und Christians Zimmer hinter sich. Es war halb acht Uhr morgens. Gewöhnlich war es um diese Zeit ruhig auf dem Flur, doch heute erregten Stimmen aus Richtung des Schwesternzimmer seine Aufmerksamkeit. Er sah nach links. Eine junge Frau unterhielt sich mit Schwester Elena. Sie war recht klein und ihr blondes Haar reichte an der Stirn fast bis zu ihrer Brille. Die Schläfen waren rasiert und das hinter Haar zu einem Pferdeschwanz gebunden und von pinkfarbenen Strähnen durchsetzt. Die schrillen Farben ihrer Kleidung und das Lederarmband ließen keinen Zweifel. Sie war ein Punk. Und wie es schien eine neue Patientin. Markus schenkte dem wenig Beachtung. Er hatte viele Patienten kommen und gehen sehen und auch er würde nicht für immer hier bleiben. Das wusste er. Er folgte dem mit PVC-Boden ausgelegten Flur und passierte das Schwesternzimmer, wo gerade ein Einweisungsbogen ausgefüllt wurde. Die Blicke trafen sich, er nickte zur Begrüßung und ging rasch weiter. Es war Zeit für das Frühstück.

Der Tisch war bereits gedeckt und Stefan brachte die Thermoskannen mit Tee und Kaffee aus der Küche. Er und Hans hatten diese Woche Küchendienst, was Stefans Laune nicht gerade besserte. Er machte ein Gesicht wie sieben Tage Regenwetter. Doch daran störte sich hier niemand mehr. Es gehörte einfach zu ihm wie das Reden zu Olivia. Hans und die anderen saßen bereits am Tisch. Markus war wie meistens der letzte.

„Guten Morgen!" Markus blickte in die Runde. Olivia schob den Teller mit der Wurst weit von sich und Michaels Augenringe waren dunkler als sein Kaffee. Er hatte sich offensichtlich letzte Nacht mit einer seiner Medikamentenmischungen ins Land der Träume begeben und hatte sichtlich Mühe wach zu bleiben. Markus grinste. Ein typischer Montagmorgen eben. Nachdem die anderen den Gruß erwidert hatten setzte er sich und griff nach der Kaffeekanne.

„Sieht so aus, als käme eine neue," bemerkte Renate als sie ihr Brötchen bestrich.

„Na, so lange bist du ja auch noch nicht hier," entgegnete Christian und schielte durch die offene Speisezimmertür, als erwarte er etwas oder jemanden.

„Ausgerechnet ein Punk!" wetterte Olivia. Sie nahm sich etwas vom Streichkäse und verteilte ihn lustlos auf ihrer Brötchenhälfte. Christian und Markus sahen sich an und grinsten. Mehr Ärger und schlechte Laune als Olivia konnte selbst ein Punk nicht verbreiten.

„Wo ist das Problem?" fragte Markus während er Moritz zärtlich hinter dessen Ohren kraulte ehe er nach seiner Kaffeetasse griff.

„Die sind mir einfach nicht geheuer. Alleine der Haarschnitt..." wetterte Olivia.

„Also bitte!" Renate stellte ihre Tasse demonstrativ auf den Tisch. „Schlimmer wie du heute morgen siehst sie nun auch nicht aus."

„Wenigstens sind meine Haare natürlich und nicht gefärbt." Olivia würdigte Renate nicht eines Blickes, sondern knallte das Messer auf den Teller ehe sie es wieder aufnahm und eine Scheibe Brot mit fettarmer Margarine bestrich. Olivia war eine hagere Frau mit kurzem, lockigem Haar. Schminke verabscheute sie.

„Wenn du ein bisschen was an dir machen und mal ausgehen würdest anstatt ständig mit deiner blöden Katze zu hause rumzuhängen, dann wärst du auch nicht immer so mies drauf."

„Was hast du immer nur gegen Katzen?" Olivia bestrich

ihr Brot mit Honig und wollte gerade abbeißen, als sich Michael zu Wort meldete während er sich gelassen und teilnahmslos ein Brötchen aus dem Korb nahm.

„Ich mag Katzen. Schmecken irgendwie nach Wild."

Olivia fiel fast ihr Honigbrot aus der Hand. Dann warf sie es mit Schwung auf den Teller und verließ den Speiseraum. Christian grinste, Renate seufzte und Michael tat, als sei nie etwas geschehen. Und als hätte es auch niemals etwas mit ihm zu tun gehabt.

„Das hat noch ein Nachspiel. Spätestens nachher im Gruppengespräch," kommentierte Christian beinahe emotionslos. „Zum Glück bin ich nicht dabei," fügte er dann lächelnd hinzu. Renate seufzte erneut.

Nach dem Frühstück kehrten Markus und Moritz in ihr Zimmer zurück. Markus war gut gelaunt obwohl das Wetter wieder schlechter wurde und sich Regen ankündigte. Er kritzelte noch einige Zeilen auf ein Blatt neben der Schreibmaschine ehe er sich ans Fenster stellte und hinaus sah. Zum Schreiben reichte die Zeit nicht mehr. Um neun Uhr würde das Gruppengespräch beginnen.

Nach einer längeren Zigarettenpause fanden sich Markus und Moritz im Raum für das Gruppengespräch ein. Es war ein nüchtern eingerichteter Raum mit weißen Wänden, ebenso zweckmäßig wie fast alle anderen Räume der Station. In einer Ecke stand ein alter Holztisch und ihm gegenüber ein Flip-Chart. In der Mitte waren sieben Stühle aufgereiht wie Zinnsoldaten. Bis auf einen waren noch alle leer.

„Hallo Stefan!" grüßte Markus und der angesprochene nickte nur kurz ehe er wieder abwesend auf den Boden starrte. Es schien heute nicht sein Tag zu sein und die Müdigkeit in seinem Gesicht äußerte sich nicht nur in seinen übergoßen Augenringen. Markus war früh dran und begann die Stühle in Kreisform zu gruppieren ohne Moritz aus der Hand zu legen. Stefan interessierte sich nicht im Geringsten dafür. Die Depressionen hatten ihn wieder fest im Griff. Markus sah zum Fenster hinaus. Dichte Wolken waren aufgezogen und drohten mit Regen. Das Wetter war wechselhaft um diese Jahreszeit. Ihm aber konnte es egal sein.

Allmählich trafen auch Renate, Michael und Olivia ein.

„Wo bleibt Matthias?" fragte Renate. „Der ist doch vor mir aus dem Raucherraum raus." Nicht das sein Fehlen sie sonderlich interessiert hätte.

„Der hat doch ab heute einen anderen Therapieplan," antwortete Markus und setzte sich neben Stefan. Olivia nahm neben ihm Platz und hielt dabei den größtmöglichen Abstand zu Renate ein. Zwei Stühle waren noch leer.

„Habt ihr die neue schon gesehen?" fragte Renate.

„Neue?" fragte Michael.

Markus nickte und kraulte sanft Moritz' Nacken.

„Das ging ja fix," meinte Michael leise. „Kaum ist Anne entlassen da kommt auch schon Nachschub. Man hat ja kaum Zeit sich an die Leute zu gewöhnen." Nun, Michael hatte ein Auge auf Anne geworfen gehabt und ihre Entlassung hatte ihn sichtlich mitgenommen. Dafür hatte er sich am Wochenende mit einer Flasche Wodka entschädigt. Nun waren seine Augenringe größer als selbst die Stefans.

Schließlich kam der Psychotherapeut durch die offene Tür. Und er war nicht alleine.

„Bitte setzen sie sich Frau Berger!"

Die Neue setzte sich wortlos zwischen Markus und Renate. Den letzten Platz nahm Herr Ganzenhauer ein,

ein Mann Anfang Dreißig mit kurzem Haar und gepflegtem Henriquarte-Bart. Lässig schlug er die Beine übereinander während die Patienten mehr oder weniger auffällig die Neue betrachteten und musterten. Sie trug ihr Haar nun offen und von den rasierten Schläfen war nichts zu sehen. Auch ihre Kleidung war durchgehend schwarz und ein ledernes Band zierte ihren rechten Arm.

„Guten Morgen!" Herr Ganzenhauer sah der neuen Patientin direkt in die Augen. „Am besten stellen sie sich kurz vor und danach die anderen." Er nickte ihr zu und die Neue sah kurz zu Boden.

„Also ich heiße Edna Berger und bin..." Sie suchte nach Worten. „Ja... ich bin neu hier."

„Sagen sie uns bitte kurz weshalb sie hier sind!" Herr Ganzenhauer lehnte sich fast unmerklich zurück, doch Edna schwieg. Es schien ihr unangenehm vor anderen darüber zu sprechen. Herr Ganzenhauer bemerkte dies. „Sie müssen jetzt nicht darüber reden, wenn sie nicht möchten."

„Na ja, ich habe einfach einige Probleme mit mir selbst und..." Sie strich sich eine Strähne aus der Stirn, eine Geste, die ihre Unsicherheit verriet. „Ich möchte jetzt hier nicht darüber reden." Markus konnte Edna verstehen. Die Patienten hier teilten fast alle Sorgen miteinander, solange sie sich kannten. Doch für Edna war alles neu und fremd. Markus spürte dass Edna das erste mal in einer psychiatrischen Klinik war. Sanft streichelte er Moritz und Edna bemerkte es. Sie lächelte.

„Vielleicht stellen sich die anderen noch einmal vor," meinte der Therapeut, der auf seinem Stuhl saß wie ein König auf seinem Thron, unnahbar und über alles erhaben.

Noch einmal stellten sie die anderen vor, zuerst Michael,

dann Renate, Markus, Olivia und zuletzt Stefan. Es war bereits ein festes Ritual wie immer, wenn ein neuer Patient zur Gruppe stieß. Herr Ganzenhauer nahm es wohlwollend zur Kenntnis.

„Ich möchte etwas zur Sprache bringen." Olivia richtete sich in ihrem Stuhl auf. Michael und Markus grinsten und Renate seufzte nur. Sie alle ahnten was jetzt kommen würde, wussten genau was kommen musste.

„Bitte Frau Reschewski. Dafür sind wir hier." Herr Ganzenhauer machte eine einladende Geste.

„Also ich finde es nicht in Ordnung, wie ich hier behandelt werde."

„Was stört sie denn?"

Olivia holte tief Luft und suchte nach Worten um ihrem Ärger Luft zu machen. „Ich finde es einfach nicht richtig, dass alle ständig auf mir herum hacken. Heute morgen hat man sich auf wieder über mich lustig gemacht. So geht das schon seit ich hier bin." Sie legte ihre Hände demonstrativ in den Schoß während Herr Ganzenhauer seinen Blick über die versammelte Runde schweifen ließ. Olivia erzählte dann detailliert, was am Frühstückstisch vorgefallen war.

„Was sagen denn die anderen dazu?"

„Irgendwie stimmt das schon." Michael ergriff das Wort und nahm dabei kein Blatt vor den Mund. Das hatte er noch nie getan. „Aber sie lädt ja auch gerade zu dazu ein. Ihre Besserwisserei nervt und ständig versucht sie uns zu überreden, dass ihre Lebensweise die beste sei und dass wir alles falsch machen." Renate nickte während Michael fortfuhr. „Sie behandelt uns fast wie kleine, dumme Kinder. So!"

„Stimmt das, Frau Reschewski?" fragte der Therapeut. Er verfolgte das Gespräch augenscheinlich unberührt und emotionslos.

„Also das ist ja wohl der Gipfel..." Wäre Olivia eine Katze, so würde sie jetzt den Schwanz aufstellen und das Fell sträuben. Fauchen tat sie ohnehin bereits. „Ich versuche hier niemandem was einzureden. Ich lege nur meinen Standpunkt dar und das ist ja wohl mein gutes Recht."

„Ja, und das bei jeder sich nur bietenden Gelegenheit," konterte Renate. Markus zog es vor zu schweigen und sah dem ganzen mehr amüsiert als ernst zu. Moritz hingegen blickte verträumt aus dem Fenster.

„Das stimmt doch dar nicht!"

„Doch das tut es." Renate verschränkte ihre Arme. Edna hörte zu und staunte. Und konnte sich ein Grinsen nicht verkneifen.

Herr Ganzenhauer ergriff das Wort. „Ich denke dass die Schuld zu gleichen Teilen bei allen liegt. Wie wäre es mit einem Kompromiss?"

„Wäre wohl das vernünftigste." Markus beteiligte sich nun auch am Gespräch. Allerdings zweifelte er daran, dass ein Kompromiss funktionieren würde.

„Dann nimmt ab jetzt jeder etwas mehr Rücksicht auf den anderen," stellte Herr Ganzenhauer fest, „und nächste Woche sprechen wir dann über den Fortschritt." Er notierte etwas auf dem kleinen Block in seiner Hand. Alle bis auf Stefan nickten. Dieser machte weiterhin einen eher apathischen Eindruck. Dem Therapeuten entging das nicht.

„Was meinen sie Herr Spanfelner?" Herr Ganzenhauer versuchte Stefan mit die in Gesprächsrunde zu integrieren, doch dieser nickte nur geistesabwesend. Es war wirklich nicht sein Tag. Herr Ganzenhauer ließ ihn schließlich gewähren und wechselte das Thema. „Wie war ihr Wochenende?"

Das Gespräch nahm nun seinen weiteren Lauf, ganz so wie es das jeden Montag, Mittwoch und Freitag tat. Keiner der Anwesenden hatte bislang die Möglichkeit am Wochenende nach Hause fahren zu dürfen. Man sprach Probleme und Ängste an und die Gruppe versuchte unter Anleitung des Therapeuten Lösungen zu finden. Edna hielt sich zurück und sprach nur selten. Auch Markus beteiligte sich nur sporadisch an den Gruppengesprächen. Die meisten der angesprochenen Themen interessierten ihn ohnehin nicht. Oft sah er dabei aus dem Fenster, betrachtete die Wolken und dachte über seine Geschichten und Märchen nach. Doch diesmal war es Edna, die sein Interesse auf sich zog. Sie war anders als die meisten, die hier über all die Jahre ein und ausgegangen waren. Inwiefern anders galt es noch herauszufinden. Doch eines wusste er mit Sicherheit: wenn er sie irgendwo antreffen wollte, dann im Raucherraum.

Nach dem Ende des Gruppengesprächs zogen sich die meisten ins Raucherzimmer zurück. Auch Edna. Markus blieb alleine im Therapieraum, mit Moritz im Arm und am Fenster stehend dachte er nach. Seine Finger kraulten dessen Nacken wie ein Reflex, so wie sie es immer taten wenn er nachdachte. Es war lange her, dass ihn jemand so sehr interessiert hatte. Mit Liebe hatte dies allerdings nichts zu tun. Sie war nicht der erste Punk hier, doch ihre Zurückhaltung zeugte von einer großen Last auf ihren Schultern. Sie war nicht krank. Sie war verzweifelt.

Markus sah zur Tür hinaus. Als nächstes stand kommunikative Bewegung auf dem Therapieplan. Markus hasste sie. Mittlerweile kannte er fast jede Übung, denn die Therapeuten wechselten des öfteren. Die meisten der Übungen empfand er als albern und kindisch, andere, die in seinen Augen sinnvoll waren, waren mit der Zeit langweilig geworden. Denn er kannte sie alle. Seufzend fragte er sich was sich Frau Hermann diesmal ausgedacht hatte. Er verließ den Gruppentherapieraum und bog nach rechts ab. Zwar lockte ihn der Raucherraum, doch in den Pausen zwischen der Therapien war er meist hoffnungslos überfüllt. Und Luft, die man in Scheiben schneiden konnte, mochte er nicht sonderlich, auch wenn er selbst rauchte. Als er die Sitzgruppe gegenüber des Schwesternzimmers erreichte, setzte er sich und wartete. Noch war er alleine.

Es dauerte nicht lange und Olivia setzte sich ihm gegenüber. Sie nickte ihm nur kurz zu, dann verharrte sie wieder still. Doch ihr war deutlich anzusehen dass sie mit dem Ergebnis des Gruppengesprächs alles andere als zufrieden war. Renate würde dies heute mit Sicherheit noch zu spüren bekommen. Markus betrachtete den alten Münzfernsprecher. Übermorgen würde ihn Jeanine besuchen, so wie jede Woche. Er freute sich darauf. Doch nun erschien erst einmal Frau Hermann und sah sich mit fragendem Blick um obgleich sie mittlerweile längst wusste, wo ihre Patienten waren: im Raucherzimmer. Ungeduldig sah sie auf die Uhr über dem türkisfarbenen Sofa.

Nach und nach trafen die anderen ein, wie sie auch an der Gruppentherapie teilgenommen hatten. Sie alle teilten den gleichen Therapieplan. Frau Hermann, eine schlanke Frau Anfang fünfzig mit sportlich kurzem Haar, öffnete die Tür und zusammen stiegen sie in den ersten Stock hinab. Da es nicht genügend Therapieräume auf der Station gab wurden die Räume der Station 2A mitgenutzt. Diese wurden eher selten verwendet, denn sie gehörten zum ambulanten Bereich der Klinik. Der Raum selbst erschien wie die Miniaturausgabe einer Sporthalle mit einer kleinen Sprossenwand, einem Schrank für Bälle und Matten und den typischen hölzernen Bänken. Es war der Physiotherapieraum, der allerdings auch für andere Zwecke genutzt wurde. Die Patienten setzten sich wobei Renate an einem und Olivia am anderen Ende der langen Bank Platz nahmen. Es begann das übliche Ritual.

„Ich sehe es ist jemand neues zu unserer Gruppe gestoßen." Frau Hermann lehnte sich leicht nach vorne wobei ihre Trillerpfeife kurz frei in der Luft baumelte. Sie war eine Physiotherapeutin und das sah man jeder Faser ihres Körpers an. Sie war überzeugt dass die beste Therapie bei jeder Art von seelischer Krankheit ausschließlich Sport war. Und so unrecht hatte sie auch nicht, solange sie die Therapien anleitete. Auch wenn ihr Erfolg zumeist auf dem Prinzip der Schmerzverlagerung beruhte. Doch dies war nicht die Sporttherapie, sondern die kommunikative Bewegung. Sport war erst am Nachmittag an der Reihe. Natürlich auch bei Frau Hermann. Sie fuhr fort. „Seien sie so nett und stellen sich bitte kurz vor!"

Edna seufzte und der Rest grinste. Sie würde sich an diesem Tag noch des öfteren vorstellen müssen. Nachdem sie dies hinter sich gebracht hatte lehnte sich Michael zu ihr hinüber.

„Nur noch einmal, dann hast du es für heute hinter dir," flüsterte er der Neuen zu und lächelte. Frau Hermann klatschte indes lautstark in die Hände.

„So, bitte alle aufstehen!" Ihre Stimme klang für eine Frau sehr tief und der Ton erinnerte an einen alternden Feldwebel. Niemand wagte sitzen zu bleiben. Markus legte Moritz' Pfoten in dessen Nacken und klemmte ihn in lässiger Haltung in die Sprossenwand.

„Ich beneide dich!" flüsterte er seinem plüschigen Begleiter zu und konzentrierte sich wieder auf die Therapie.

„Jetzt gehen sie bitte alle durch den Raum! Welche Richtung sie einschlagen bleibt ihnen überlassen. Suchen sie sich ihren eigenen Weg." Frau Hermann holte tief Luft. „Wenn sie jemanden begegnen, so grüßen sie ihn oder sie. Aber bitte ohne Worte. Also ohne zu sprechen."

Markus kannte dieses Spiel bereits. Er selbst empfand es als albern, machte aber dennoch mit. Nicht eines Therapieerfolges wegen, sondern um seine Mitpatienten zu beobachten. Wobei er den Erfolg ohnehin bezweifelte. Es war eine Übung, ein Spiel. Mehr nicht. Mit der Realität hatte es wenig zu tun. Und für Markus brauchte es das auch nicht.

So suchte jeder seinen Weg durch den für die Übung viel zu kleinen Raum. Michael steuerte die Raummitte an während Stefan kaum einen Schritt vor den anderen setzte. Olivia und Renate hielten sich dicht an den Wänden wie zwei sich umkreisende Kater vor dem Kampf. Edna schien ziellos und zugleich abwartend. Markus begegnete ihr nahe der Sprossenwand. Sie lächelte und winkte mit der rechten Hand. Dann blickte sie auf Moritz und dann wieder auf ihn. Er sah sie noch grinsen, dann war sie vorbei. Sein Schulterzucken konnte sie nicht mehr sehen. Langsam begann Markus das Spiel zu gefallen, obgleich ihn Stefan einige Lidschläge später nicht einmal eines Blickes würdigte als er an ihm vorbei schlich. Stur blickte er zu Boden. Schließlich wechselte Markus die Richtung und ging neben Renate. Vorsichtig versuchte er ihren Weg zu beeinflussen, sie möglichst unbemerkt auf einen anderen zu lenken. Der Schelm war wieder in ihm erwacht. Er wollte einfach wissen was geschah, wenn sich Renate und Olivia im freien Raum begegneten. Das musste sich anfühlen als ob Materie auf Antimaterie traf. Doch dazu kam es leider nicht mehr, denn Frau Hartmann blies in ihre Trillerpfeife. Abrupt blieben alle stehen.

„Jetzt sucht sich bitte jeder einen Partner." Sie ließ ihre Pfeife fallen, die noch kurz vor ihrer Brust pendelte. Die Paare bildeten sich schnell. Markus Partnerin war Edna und Renates war Michael. Olivia dagegen fühlte sich bei Stefan nicht gerade sehr wohl. Die Therapeutin fuhr fort.

„Einer führt jetzt den anderen durch den Raum und beobachten sie bitte, ob es ihnen besser gefällt zu führen oder geführt zu werden. Und wechseln sie sich bitte nach einer Weile ab." Die drei Paare wanderten erneut quer durch den Raum und tauschten dabei auch die Rollen. Ausgenommen das letzte Paar, denn Olivia zerrte Stefan die ganze Zeit stur hinter sich her. Dann beendete die Therapeutin die Übung.

„Sehr schön. Jetzt stellen sie sich bitte vor oder hinter ihren Partner." Frau Hermann wartete noch kurz bis sich alle aufgestellt hatten. Markus stand hinter Edna und Olivia hinter Stefan. „Der vordere lässt sich jetzt nach hinten fallen lassen und wird vom hinteren aufgefangen. Wichtig ist dass sie ihrem Partner vertrauen. Wenn sie das nicht tun, dann sagen sie das bitte jetzt." Aber niemand wagte zu widersprechen, selbst Olivia schwieg. Immerhin musste sie sich nicht auffangen lassen. Frau Hermann gab das Startsignal.

Edna ließ sich ebenso sinken wie Renate, lediglich Stefan machte keine Anstalten sich fallen zu lassen. Steif wie ein Zinnsoldat stand er auf dem Linoleum bis Olivias Geduld erschöpft war. Hart packte sie ihn an den Schulter und riss ihn nach hinten während den beiden anderen schon wieder von ihren Partnern in die Höhe geholfen wurde. Dreimal wiederholte sich das Spiel. Markus ließ beim letzten Durchgang Edna tiefer fallen, berührte sie leicht an den Schultern und ließ sie weiter fallen. Erst als sie begann mit den Armen zu rudern packte er mit einem diabolischen Grinsen zu. Sie sah zur Seite. Der Linoleumboden war keinen halben Meter mehr entfernt. Mit einem Ruck stellte er die sichtlich blasse Edna wieder auf die Beine.

Nun wechselten sich die Patienten innerhalb der Paare ab. Allzu weit ließ Edna Markus nicht fallen, zu schwer war er für sie. Olivia trat mit einem Fuß nach hinten um selbst das Gleichgewicht wieder finden zu können, doch dazu kam es nicht. Stefan fing sie bereits auf unmittelbar nachdem sie sich in Bewegung gesetzt hatte. Olivia seufzte nur.

Schließlich bat Frau Hermann die Patienten sich zu setzen. Die übliche Besprechung folgte, wobei die Patienten ihre Gefühle und Erfahrungen der Therapiestunde austauschten. Als Edna sprach boxte sie Markus spielerisch in die Seite. Markus lächelte wie die Unschuld selbst und wiegte Moritz wie ein Baby im Arm. Olivia beklagte sich dagegen vehement über Stefans Lethargie. Als die Therapiestunde beendet war kehrte Markus in den Raucherraum zurück. Er war alleine. Er setzte Moritz auf das Fensterbrett und sah gedankenversunken zum Himmel hinauf. Sein Blick war verklärt und so ganz anders als noch vor wenigen Minuten. Kurz darauf betrat Edna den Raum und blieb am Tisch stehen.

„An was denkst du gerade?" fragte sie während Markus noch immer wie geistesabwesend zum Fenster hinaus sah. Obgleich er ihre Frage beantwortete schien er die junge Frau nicht zu bemerken.

„An so vieles und doch auch an nichts. Je nach dem, welchem Wert man den Gedanken beimisst."

„Und welchen misst du ihnen bei?" Edna zog einen der Stühle unter dem Tisch hervor.

Markus kraulte Moritz am Kinn. „Ich weiß es nicht. Verstand und Gefühl sind sich uneins. Es ist schwer einen Kompromiss zu finden, der beiden gerecht wird. Doch relativ gesehen sind die Gedanken belanglos. Denn es gibt für beides die jeweils richtige Zeit."

„Das glaube ich nicht." Edna drehte ihren Stuhl ein wenig und musterte Markus ehe sie sich setzte. Sein geheimnisvolles Auftreten zog sie wie magisch an. Vermutlich weil sie nie jemanden wie ihm begegnet war. „Bist Du deswegen hier? Ich meine wegen dem Gefühl und dem Verstand?"

Markus schüttelte den Kopf und sah Edna in die Augen. „Nein, ich bin hier weil ich mit einem Stofftier spreche." Er lächelte, doch das Lächeln wirkte erzwungen und gequält. „Die genaue Diagnose ist unwichtig. Jeder hier versteckt sich hinter einer Diagnose, doch nicht diese ist wirklich von Interesse, sondern der lange Weg, der die Menschen zu ihr geführt hat." Er machte eine kurze Pause und Edna wagte nicht, ihn zu unterbrechen. „Es gibt so viele Patienten hier, so viele Diagnosen und so viele Geschichten, und keine davon ist sonderlich erbaulich. Diagnose ist nur ein einzelnes Wort, hinter dem sich Buchstaben und Zahlen nach ICD-10 verbergen."

„ICD-10?" Edna fragte nach, wobei sie für einen kurzen Augenblick vergaß, die Zigarette aus der Schachtel in ihrer Hand zu nehmen. Markus lächelte wieder, diesmal etwas weniger gezwungen.

„Das ist nur ein Katalog, in der alle möglichen und unmöglichen Diagnosen stehen. ICD-10 ist ein Akt der Bürokratie, nur relevant für Statistiken, nichts weiter." Markus strich Moritz sanft über dessen Kopf, doch diese Geste war kaum mehr als eine Notwendigkeit. Sein Blick ging durch den Plüschhund hindurch als sei dieser nie existent gewesen. Dann sah er wieder zu Edna hinüber. Edna erschrak. Markus sah alt aus, viel älter als noch während der Therapien. Das verspielte Kind in ihm war verschwunden. Es war gewichen, doch was oder wem vermochte Edna nicht zu sagen. Hätte sie es nicht besser gewusst so wäre sie sicher gewesen, dass eine ganz andere Person vor ihr stand. Ein befremdlicher Schatten lag über seinen Augen. Wie in Trance zündete sie ihre Zigarette an.

„Du hast einen langen Weg hinter dir, nicht wahr?" Tief sog Edna den Rauch ein und ließ ihn erst wieder entweichen als Markus lächelte. Doch war dieses Lächeln, obgleich ebenso tiefgründig und weise, sehr viel sanfter und freundlicher. Es war das Lächeln eines verständnisvollen Vaters.

„Nein. Aber ich habe hier viele Wege gesehen. Zu viele. Die Psychiatrie ist das Ufer, an den die Schiffbrüchigen des Lebens gespült werden. Und wenn man sich zu intensiv mit den Schicksalen anderer beschäftigt, so wird man selbst ein Teil davon. Was letztlich bedeutet, dass man einen Teil der Last auf seine Schultern legt." Markus warf noch einen Blick auf seinen plüschigen Begleiter, dann wandte er sich wieder dem Fenster zu. Edna staunte noch immer. Doch sie verstand was Markus sagen wollte. Wenn man zu viel Zeit unter Kranken verbringt, so wird man selbst allmählich krank. Aber das konnte nicht der einzige Grund für Markus Verwandlung sein.

„Aber du bist doch nicht nur hier weil du mit einem Plüschtier sprichst? Da steckt doch noch mehr dahinter." Es war eine rhetorische Frage, denn Edna kannte die Antwort bereits. In Markus steckten mindestens zwei verschiedene Persönlichkeiten.

„Ja, ich spreche mit einem Plüschtier, doch unterscheide ich mich damit von anderen Menschen? Das Plüschtier ist wirklich, es ist real, erschaffen durch meine Gedanken. Ist ein solches Verhalten normal? Ist das Anbeten eines Gottes normal? Er ist ebenso ein Produkt der Menschen und ihrer Fantasie, ebenso wenig beweisbar wie die Existenz der Seele eines Stofftieres. Sperrt deswegen man jene ein, die mit einem Gott reden?" Er machte eine kurze Pause. „Das sind alles Fragen, die für mich nicht relevant sind. Ich bin ich. Ob ich nun normal bin oder nicht spielt keine Rolle. Das hat es niemals getan. Bei niemandem. Ich bin ich. Und ich habe nicht vor, das zu ändern." Markus lächelte erneut, was Edna jedoch nicht sehen konnte. Dichte Wolken hingen tief am Himmel und drohten mit Regen und Wind. Kein guter Tag für Spaziergänge.

„Wie heißt er?" fragte Edna.

„Wer?" Markus wandte sich um und sein Blick fiel auf den Plüschhund. „Oh, ja natürlich. Er heißt Moritz."

Und diesmal war es Edna, die lächelte.

Plötzlich öffnete sich die Tür und Christian und Irene betraten den Raucherraum. Beide setzten sich zu Edna und Markus. Irene war eine Frau um die fünfzig mit schütterem Haar. Markus kannte sie kaum. Er hatte während seiner vielen Aufenthalte so viele Patienten kommen und gehen sehen und nur mit wenigen hatte er tieferen Kontakt gepflegt. Und selbst diese flüchtigen

Freundschaften rissen ab sobald sie die Klinik verließen. Nur einmal hatte es jemanden gegeben, der ihn später noch besucht hatte und mit dem er noch heute gelegentlich Briefe wechselte. Überhaupt hatte Markus nur wenig Kontakt zur Außenwelt und wollte ihn auch gar nicht. Er lebte hier in und mit seinen Büchern. Die einzige, die ihn regelmäßig besuchte, war Jeanine. Christian indes zog einen kleinen Zettel aus seiner Gesäßtasche und schob ihn zu Markus hin. Dieser nahm und las ihn. *Rauchen ist ein Ritual um böse Geister, wie zum Beispiel Nichtraucher, zu vertreiben (Wolfram Weidner)*. Markus grinste. Der Fetzen Papier schien aus einer Zeitschrift ausgeschnitten worden zu sein.

„Ich dachte der gefällt dir. Den kannst du dir an die Wand pinnen. Aber zeig ihn bloß nicht Olivia!" Gelächter folgte.

„Ich denke, der wäre hier besser aufgehoben," meinte Markus und suchte einen Platz für das Zitat. Er wirkte nun etwas fröhlicher, obgleich noch immer ein Schatten über ihm zu liegen schien. „Jetzt brauche ich nur noch einen Klebestreifen. Und was Olivia betrifft, die setzt ohnehin keinen Fuß hier rein."

„Welche Therapie ist eigentlich als nächstes dran?" fragte Edna in Richtung Markus. Dieser hatte mittlerweile seinen Platz am Fenster verlassen und sich zu den anderen gesetzt.

„Entspannungstherapie," erwiderte dieser gelassen. Er suchte in seiner Hosentasche nach seiner Zigarettenschachtel, stellte aber dann fest, dass er die Glimmstängel in seinem Zimmer hatte liegen lassen. Edna reichte ihm eine Zigarette und zündete sie ihm an.

„Ihr Glücklichen! Entspannung ist easy," meinte Christian. „Solltest Du schlecht geschlafen haben, dann

kannst du das hier nachholen. Daran stört sich niemand."
Er machte abwiegelnde Handbewegung. „Michael ist da
regelmäßig eingeschlafen. Würde ich jetzt auch gerne,
aber ich hab ja jetzt Sport!" Er seufzte.

„Mein Beileid!" attestierte Irene.

„Was ist an Sport so schlimm?" fragte Edna. Sie hatte
einen schlanken Körper, der so aussah, als würde sie
öfters Sport treiben. Irene setzte an zu sprechen, doch
Christian kam ihr zuvor.

„Wenn es nicht gerade regnet scheucht uns der Feldwebel
immer um die Klinik. Joggen nennt die das. Immer im
Kreis wie damals in der Schule." Mit Feldwebel war
natürlich niemand anderes als Frau Hermann gemeint.

„Da bekommt das Wort Kreislauf eine völlig neue
Bedeutung," lachte Markus.

„Oh ja, in Krankenhäusern achtet man auf einen
gesunden Kreislauf!" fügte Christian zynisch hinzu. Sport
war die unbeliebteste der Therapien in der Klinik

„Bist Du das erste mal in der Psychiatrie?" Irenes Frage
war an Edna gerichtet. Diese nickte.

„Ist eine dumme Geschichte," erwiderte Edna und
lächelte verlegen. Sie schien nicht in der Runde darüber
reden zu wollen. Irene hakte aber auch nicht weiter nach.

„Ist sie bei allen. Mach dir nichts daraus, geht allen so."
Irene drückte ihre Zigarette aus, verabschiedete sich und
verließ den Raum. Langsam drängte die Zeit, denn die
nächsten Therapien warteten bereits. Christian stand auf
und rückte seine Hose zurecht. „Na, dann auf ins Gefecht
Frau Feldwebel," murmelte er, dann sprach er wieder
lauter. „Irgendwann finde ich noch heraus warum die das
macht. Irgendwas hat die doch vor mit uns.
Wahrscheinlich irgend ein Experiment, wartet es nur ab.
Bis später dann!" Auch er verließ den Raum und ließ

Edna und Markus alleine im Raucherzimmer zurück. Bis auch sie zu ihrer nächsten Therapiesitzung gingen.

Die Entspannungstherapie verlief wie erwartet, obgleich sie von einem Praktikanten anstatt der üblichen Therapeutin durchgeführt wurde. Auch sie fand im ersten Stockwerk des Gebäudes statt. Die Patienten lagen wie Mallorcaurlauber aufgereiht auf Decken während der Praktikant, ein junger Mann mit Namen Brimme, sie anleitete. Markus achtete meist nicht auf ihn, sondern ging seinen eigenen Gedanken nach. Da Matthias nicht mehr in der Gruppe war wurde er auch nicht durch das Schnarchen neben sich gestört. Nach einer dreiviertel Stunde kehrten alle auf die Station zurück.

Zum Mittag gab es Erbseneintopf mit Würstchen. Michael, der zusammen mit Thomas Küchendienst hatte, brachte die Teller mit dem Essen herein. Zu ihren Pflichten gehörte das Servieren des Essens und das Einräumen des Geschirrspülers. Alle anderen hatten sich bereits im Speiseraum versammelt. Kaum stellte Michael den Teller vor Olivia auf den Tisch begann diese mit akribischer Gründlichkeit die Würstchen und den Rauchspeck aus dem Eintopf zu fischen. Denn gesonderte vegetarische Mahlzeiten gab es nicht für sie. Schließlich setzten sich die beiden Küchendienstler und das Schmausen begann. Wie üblich war natürlich auch eine Schwester anwesend. Heute war es Schwester Martina.

„Erbsen die sind grün, das macht den Eintopf schön..." sang Thomas und summte weiter vor sich hin. Edna, die ihm gegenüber saß, runzelte erstaunt die Stirn. Erst recht als sie bemerkte, dass sie die einzige war, die Thomas zuzuhören schien. Dieser ließ seinen Löffel in den Eintopf platschen, dass es bis Edna und Olivia spritzte.

Thomas war ähnlich wie Markus ein Langzeitpatient, der ohne Hilfe in der freien Welt hoffnungslos verloren gewesen wäre.

„Jetzt hat er endgültig den Verstand verloren!" kommentierte Christian und Olivia seufzte nur.

„Damit kennst du dich ja bestens aus." Renate ließ ihren Löffel wieder sinken und lachte. Markus hingegen verzog nicht einmal die Lippen als er antwortete.

„Ach weißt du, unwichtige Dinge verlegt man schon mal ganz gerne. Vor allem hier." An dem nun aufkommenden Gelächter beteiligte er sich dann doch. Böse gemeint war seine Bemerkung aber nicht, schließlich hatte jeder hier so seine skurrilen Angewohnheiten. Er natürlich eingeschlossen. Ebenso wie Moritz.

„... sprach der Künstler und zuckte mit den Schulter," ergänzte Michael grinsend.

„Du bist Künstler?" Edna wurde hellhörig und vergaß dabei den Löffel, den sie gerade zum Mund führen wollte. Sie beugte sich vor um Markus sehen zu können, der am anderen Ende des Tisches auf gleicher Höhe saß.

„Schreibt Bücher...," meinte Renate kauend. „Märchen und so. Ist draußen sogar recht bekannt."

„Echt jetzt?" Ednas Augen weiteten sich und der Löffel sank zurück in den Teller.

„Jupp," antwortete Michael. „Ein bisschen absurdes Zeug zwar, aber ganz OK."

„Worum geht es in den Büchern?" Ednas Frage war an Michael gerichtet, doch der zuckte nur mit den Schultern. „Keine Ahnung, nie eins gelesen."

„Ich glaub der hat noch nie irgendein Buch gelesen," konterte Renate. „Es sind fantastische Geschichten, Märchen, Fabeln und so weiter. Aber das heißt nicht, dass es Kinderbücher sind."

Nun meldete sich auch Markus zu Wort. „Wenn du nicht ganz richtig im Kopf bist, dann bist du eben ein Verrückter oder du bist ein Künstler. Klaus Kinski, von Gogh.... sie alle sind Brüder im Geiste. Sie waren nicht krank. Sie waren Künstler."

„Und was bist du?" fragte Christian.

„Ein verrückter Künstler," erwiderte Michael.

„Hast Du eins von seinen Büchern gelesen?" Ednas Frage war an Renate gerichtet. Sie erinnerte sich wieder an den erkaltenden Eintopf und aß weiter, allerdings deutlich langsamer als zuvor.

Renate nickte. „Sogar schon bevor ich hierher kam." Sie beugte sich zu Edna hinüber und flüsterte. „Hier ist er meist sehr gelassen oder verspielt, doch tief in seinem inneren ist er ein sehr tiefgründiger und introvertierter Mensch."

Edna wandte sich nun endgültig wieder dem Essen zu. Doch die Worte, die sie dabei flüsterte konnte niemand verstehen. „Oh ja, das ist er."

Nach dem Mittagessen zerstreuten sich die Patienten rasch in alle Richtungen. Edna verbrachte viel Zeit mit Renate während sich Markus in sein Zimmer zurückzog und an seinem Buch weiterarbeitete. Christian verbrachte den Nachmittag im Park der Klinik und so blieb er ungestört. Der Himmel war stellenweise aufgeklart und die ersten Sonnenstrahlen seit Tagen erreichten den Boden. Kurz vor drei Uhr Nachmittags holte Markus seinen Jogginganzug und seine Turnschuhe aus dem Schrank und zog sich um. Die letzte Therapie des Tages stand auf dem Programm. Sport.

Er erwartete die anderen am Klinikpark. Die Anlage war nicht sehr groß und reichte nur bis zu den Ausläufern des Krankenhauses selbst. Sie war modern, wenn auch etwas nüchtern gestaltet. Zwischen dem Weg, der einmal um den Park führte, gab es eine Tischtennisplatte und einen kleinen Volleyballplatz. Auch mehrere Bänke standen zwischen akkurat beschnittenen Büschen. Der Park war wegen des kühlen Wetters nahezu leer. Christian sah zweifelnd zum Himmel hinauf.

„Das regnet heute nicht mehr," meinte Renate. Markus war sich dessen nicht so sicher, denn am Horizont zogen bereits dunklere Wolken auf. Selbstverständlich würde es erst nach der Sporttherapie zu regnen beginnen. Markus sah zu Frau Hermann hinüber. Er wusste genau was jetzt kommen würde. Er wäre lieber im Sportraum geblieben, so wie immer wenn es zu kalt war oder regnete. Frau Hermann war übrigens nicht alleine. Ein junge, hagere Frau mit kastanienfarbenem Haar begleitete sie. Es war die neue Physiotherapie-Praktikantin, die sich als Frau Kerner vorgestellt hatte.

„Kommt jetzt der Kreislauf?" Edna stellte sich neben Markus. Auch sie trug einen langen Jogginganzug wie auch alle anderen. Markus nickte.

„Joggst oder walkst du lieber?" fragte er und Edna hob seufzend die Augenbrauen. Ein leichter Wind kam auf und blies Edna die Haare ins Gesicht.

„Gibt es Alternativen zum Sport?" Sie sah ihn unschuldig von unten an als könnte ihr Augenaufschlag das Unvermeidliche ändern.

„Nein, die gibt es nicht." Frau Hermann strenge Stimme ließ Ednas Hoffnung wie eine Seifenblase platzen. Christian machte sich bereits warm, Olivia kontrollierte ihre Fingernägel und sah betreten zu Boden. Sport war nicht sehr beliebt.

„Wer joggt heute?" fragte Frau Hermann und Markus und Christian hoben ihre Hand. Markus sah rasch zu Edna, ergriff ihren linken Arm und hob diesen ebenfalls. Edna sah ihn überrascht an, dann änderte sich ihr Blick als wollte sie ihn geradewegs zur Hölle schicken.

„Ich erkläre dir nachher warum," sagte er flüsternd und mit süffisantem Ton.

„Denn mal los!" Frau Hermann verzichtete auf das Benutzen der Trillerpfeife. Markus joggte los. Er kannte die Strecke natürlich, denn er war sie schon so oft gelaufen. Sie führte nicht nur durch den Park, sondern um die gesamte Klinik. Edna trotte eher gemächlich hinter ihm her, so dass Markus schon bald sein Tempo drosseln musste.

„Ich hoffe du hast einen wirklich guten Grund mich zum Joggen zu verurteilen," keuchte sie.

„Den habe ich." Markus grinste. „Und ich denke er wird dir gefallen."

Schon bald ließen sie die anderen hinter sich. Die beiden umrundeten den Park bis sie hinter dem Gebäude waren. Dort stoppte Markus plötzlich. Abseits des Weges standen einige Büsche, durch die sich Markus und Edna nun schlugen. In einer Nische blieb Markus dann stehen. Sie befanden sich zu Füßen der geschlossenen Abteilung und die Nische, in der sie nun standen, war vom Weg aus nicht einzusehen. Markus lehnte sich demonstrativ gegen die Wand. Edna grinste.

„So ist das also...," meinte sie schließlich.

„Nennen wir es einfach eine wirtschaftlich und ökonomisch sinnvolle Einteilung der körpereigenen Kräfte." Markus holte eine Zigarettenschachtel aus der Jogginghose, nahm das Feuerzeug aus der Schachtel und bot Edna einen der Glimmstängel an. „Zigarette?" Edna nahm das Angebot an.

„Sag doch einfach wir bescheißen. Kriegt die Hermann

das nicht mit?"

„Das ist so ein hartes Wort für ein bisschen Entspannung, findest du nicht?" Markus schüttelte seinen Kopf. „Und was die Hermann betrifft, die ist für ein Gespräch immer zu haben und jetzt, da wir offensichtlich auch noch eine neue Praktikantin haben, wird sie damit beschäftigt sein, sich mit ihr zu unterhalten." Er sah in Richtung des Weges. „Wir sollten nur ab und an raus und eine Runde drehen. Wenn wir sie nicht gelegentlich überholen wird sie möglicherweise misstrauisch. Und Christian... der hält dicht."

Edna sog an ihrer Zigarette und versuchte Kreise in die Luft zu zeichnen, doch der Wind machte ihr einen Strich durch die Rechnung. „Und wie lange funktioniert dieser Trick schon?"

Markus grinste und zog es vor zu schweigen. Die beiden rauchten ihre Zigarette und sahen zwischen den Blättern der Büsche die anderen vorbeiziehen. Als sie außer Sichtweite waren gab Markus das Zeichen und sie drehten eine weitere Runde um sich wieder am selben Ort zu verstecken. Sechsmal wiederholte sich das Spiel ehe die Therapiestunde endlich zu Ende war. Die Gruppe zerstreute sich rasch und Edna beschloss noch ein wenig im Park spazieren zu gehen. Noch war es trocken. Als sie sich dem Volleyballplatz näherte sah sie Markus auf einer Bänke sitzen. Sie nahm neben ihm Platz. Markus schien sie nicht zu bemerken. Unbeweglich wie ein Fels saß er neben ihr. Seine Augen wirkten eingesunken und sein Blick schien auf eine Welt jenseits dieser gerichtet. Edna begriff rasch, dass es der introvertierte Markus war, der dort auf der Bank saß. Sie hätte es wissen müssen, denn er war zum Schluss der Sporttherapie bereits sehr still geworden. Edna suchte nach Worten, denn sie wusste nicht wie sie ihn ansprechen sollte. Sie wusste nicht wie er auf sie reagieren würde. Möglicherweise wollte er einfach nur alleine sein. Zum ersten mal sah sie ihn ohne Moritz.

„Hi!" Ednas Worte waren kaum mehr als ein Ausdruck von Hilflosigkeit.

„Setz dich!" Markus wandte seine Augen nicht vom Horizont. Schweigen erfüllte die Luft und in der Ferne sang ein Vogel. Edna wusste nicht was sie sagen sollte. Doch das musste sie auch nicht, denn Markus ergriff das Wort. „Hast du das ersten mal mit der Psychiatrie zu tun?"

Edna schüttelte ihren Kopf. „Ich habe schon eine Psychotherapie hinter mir und renne auch mehr oder minder regelmäßig zum Seelenklempner."

„Und hat es geholfen?"

„Nicht so wirklich. Aber es war wohl naiv zu erwarten, dass eine Handvoll Medikamente und ein paar Gespräche mit einem Therapeuten fünfundzwanzig Jahre deines Lebens ungeschehen machen." In Ednas Worten hallte Spott wider obgleich sie ihn nicht beabsichtigt hatte.

„Das können sie auch nicht. Die Zeit, die es braucht um jemanden wieder aufzurichten, zahlt keine Krankenkasse dieser Welt." Markus atmete hörbar durch und sog die Frühlingsluft tief in sich hinein. „Manchen helfen die Therapien tatsächlich, zumindest für einen gewissen Zeitraum. Doch bei den meisten kann die Psychiatrie kaum mehr tun, als den Tropfen abzufangen, der das Fass zum überlaufen brächte. Und manchmal nicht einmal das. Leeren kann sie das Fass nicht. Jedenfalls nicht in diesen Zeiten."

„Wer kann das schon?" Edna sprach die Worte mit einer Verachtung aus als erwartete sie keinerlei Antwort.

„Freunde. Zeit. Und ein wenig Menschlichkeit," erwiderte Markus zu ihrem Erstaunen.

„Und das wird in diesen Zeiten immer seltener...," ergänzte Edna und sah zu Boden. Markus Worte schmerzten sie obgleich sie eigentlich das Gegenteil bewirken sollten. Denn es war offensichtlich, dass sie dies nicht besaß.

„Der Mensch hat die Neigung Dinge zu ignorieren, die er nicht versteht. Und so hat er Angst vor seinesgleichen, die anders sind als er selbst." Markus hob seine linke Hand und betrachtete dessen Innenseite als wollte er in ihr lesen.

„Und dann sperrt man sie hier ein..." In Ednas Wort hallte Spott wieder.

„Ernest Hemingway, Sylvia Plath..." Markus sprach beinahe wie in Trance. „Man hat sie nie wirklich verstanden. Vor zweitausend Jahren hat man Geisteskranke als Heilige, Visionäre und Propheten verehrt. Erst später begann man sie einzusperren. Aber so schlimm wie damals ist es nicht mehr. Zumindest nicht hier. In der heutigen Psychiatrie lässt es sich durchaus leben."

„Ich weiß was du meinst. Ich glaube manchmal, dass meine Umwelt mehr Probleme mit meiner Krankheit hat wie ich selbst." Edna schnaubte verächtlich und ließ damit erkennen, dass sie nicht so ganz freiwillig hier war. Markus fuhr indes fort als habe er ihre Worte nicht gehört.

„Die Welt hat Tausende von Farben, und nur der Mensch reduziert sie auf Schwarz, Weiß und Grau. Der Wahnsinn hat wenigstens Farbe."

Edna grinste. „Du ahnst gar nicht wie recht du hast. Nur gibt es Tage, da sind die Farben so grell, dass sie kaum zu ertragen sind." Sie versuchte ebenso in Bildern zu sprechen wie er und hoffte insgeheim, dass es ihr gelungen war. Markus wortmalerischer Stil faszinierte sie.

„Sonne kann wärmen und verbrennen. Sie kann erhellen und blenden. Alles hat zwei Seiten, auch der Wahnsinn. Manche Aspekte sind beängstigend, manche hingegen regen die Fantasie an. Wenn man sich auf sie einlässt. Nicht alles, was nicht normal scheint, muss man auch bekämpfen."

„Schreibst du deswegen Bücher? Weil du..." Edna rang nach Worten. „... deine Krankheit... wie soll ich sagen... auslebst?"

Nun fiel die Starre von Markus Gesicht und er lächelte sanft. „Ja. Zumindest einen Teil davon. Es ist eine Art Ventil um Schlimmeres zu verhindern. Wie ich schon einmal sagte, ich bin ich. Es ist nur eine Frage ob man dies für sich selbst akzeptiert. Fantasie ist nur eine andere Form der Realität und im Kopf wird sie genauso wirklich wie das, was man riechen, hören und fühlen kann. Nur dass man die Fantasie kontrollieren kann, die Realität nur selten."

Edna sah zu Boden. Junges Gras wuchs zwischen den Steinplatten des Weges und wartete auf den nächsten Sonnentag. Sie begann Markus zu bewundern. Sein Wissen schien grenzenlos, zumindest wenn die tiefgründige Persönlichkeit dominierte.

„Darf ich dich etwas persönliches fragen?"

„Sicher doch. Nur wenige hier hüten ihre Geheimnisse," meinte Markus und sah Edna nun endlich dabei an. Sein Blick hatte etwas hypnotisches.

„Wie lange bist du schon hier?"

„Sehr lange," erwiderte er knapp, aber freundlich.

„Und hat es dir geholfen?"

„Ja, aber nur weil ich es wollte." Wieder lächelte er. „Aber ich bin nicht den Weg gegangen, den die Therapeuten für mich vorgesehen hatten. Es gibt zwei Wege. Du kannst einsehen, dass du krank bist oder du lernst dich so akzeptieren wie du bist. Doch erwarte nicht zu viel von diesem Ort. Egal welche Diagnose gestellt wird, alle werden durch die gleichen Therapien geschleust. Es ist kaum mehr als eine Symptombehandlung. Genau wie die Pillen. Ich meine damit nicht jene, deren Hirnstoffwechsel entgleist ist und die körperlich krank sind. Ich meine jene, die am Leben verzweifeln. Und das sind die meisten hier. Ich habe so viele kommen und gehen sehen." Markus sah Edna nicht an sondern starrte weiter auf den Himmel.

„Und zu welcher der Gruppen gehörst du?" fragte sie. Markus schwieg. Er musste auch nichts sagen, denn Edna kannte die Antwort. Markus vereinte beides in sich. Vom Leben gezeichnet und mit einer Krankheit geschlagen. Sie fragte sich, was ihm das Leben antun würde, würde man ihn entlassen.

Der Mittwoch versprach ein schöner Tag zu werden. Zum erstenmal seit knapp drei Wochen schien die Sonne von einem fast wolkenlosen Himmel. Markus war bereits früh auf und genoss die morgendliche Ruhe. Der üblichen Schlange vor der Medikamentenausgabe vor dem Frühstück konnte er aber nicht entgehen. Anschließend gab es Frühstück. Der Tisch war schon gedeckt als Markus mit Moritz im Arm das Speisezimmer betrat. Bis auf Michael waren alle bereits anwesend.

„Guten Morgen!" Markus nahm Platz und griff als erstes nach der Kaffeekanne. Kaum hatte er sich eingeschenkt torkelte Michael zur Tür hinein. Der Schlaf stand ihm noch immer in den Augen als er Stefan vorwurfsvoll ansah.

„Nicht besonders gut geschlafen?" meinte Renate beinahe beiläufig ohne Michael dabei anzusehen. Sie grinste. „Oder hast du dich gestern wieder entspannt?" Michael war meist der letzte am Frühstückstisch.

„Oh Mann," stöhnte er. „Stefan hat heute Nacht mal wieder den ganzen Odenwald gerodet." Er rieb sich die Augen. Stefan hingegen zeigte nicht die geringste Regung sondern rührte wie abwesend seinen Kaffee um. Dass Stefan schnarchte war ebenfalls nicht Neues mehr, doch gab dieser es nie zu. Michael setzte sich mit stöhnenden Laut.

Edna warf einen fragenden Blick zu Markus hinüber. Sie konnte nicht wissen, dass diese Formulierung eine besondere Bedeutung hatte. Michael hatte seit jeher immer den Kick gesucht indem er die Tabletten in verschiedenster Kombination und Dosis ausprobierte. Auch zusammen mit Alkohol, den er gelegentlich in die Klinik schmuggelte. Es hatte sich schon ein regelrechter Tablettenhandel etabliert. Da die Schwestern dies aber nicht erfahren durften benutzten die Patienten eine Art Geheimsprache. Renate klärte Edna im Flüsterton auf. Auch wenn gerade keine Schwester im Speisezimmer zugegen war. Markus sah sich um und warf einen Blick in den leeren Flur. Es war tatsächlich keine der Schwestern zu sehen.

„Von wegen schnarchen," meldete sich Stefan zu Wort. Seine Stimme war leise und ohne besondere Betonung. „Der hat sich wieder die Kanne gegeben und Bröckchen gelacht." Dann verstummte er wieder.

„Bröckchen gelacht?" Edna sah Stefan fragend an, doch dieser reagierte nicht im Geringsten.

„Würfelhusten," erklärte Christian, doch Edna verstand noch immer nicht. Markus klärte sie auf.

„Er hat sich übergeben."

„Oh!" Edna grinste. „Nette Formulierung."

„Nicht dass es ihm so ergangen ist wie vor zwei Wochen!" Markus bestrich sein Brötchen mit Butter und zeigte sonst keinerlei Regung während alle anderen außer Edna und Michael lachten.

„Vor zwei Wochen?" Ednas Blick wechselte zwischen Renate, Markus und dem seufzenden Michael.

„Da wollte er seinen Geburtstag feiern und hat sich dazu ein Sixpack Bier gekauft. Dummerweise hatte er in seinem Delirium das alkoholfreie erwischt. Da hättest du ihn am nächsten Tag mal sehen sollen." Markus biss in sein Brötchen und Michael seufzte ein weiteres mal. Diese Geschichte war zu seinem Leidwesen zu einer Art Running-Gag geworden.

„Wie heißt du eigentlich mit Nachnamen?" fragte Edna Michael.

„Zurmart," erwiderte dieser, sichtlich froh darüber, dass das Thema gewechselt wurde.

„Ein seltener Name."

„Och," Michael schenkte sich noch eine Tasse Kaffee ein. „In meiner Familie ist er recht häufig." Man sah ihm deutlich an dass er noch nicht so recht wach war.

Um halb neun kehrten die Patienten in ihre Zimmer zurück oder trafen sich im Raucherraum. Ehe Markus den Speisesaal verließ hielt Edna ihn am Arm fest.

„Du solltest dir mal die Sprüche an den Klowänden durchlesen. Die sind echt der Brüller." Sie streckte ihre Hand aus und streichelte Moritz. Markus lächelte.

„Ich glaube nicht, dass sie mich auf eure Toilette lassen."

„Natürlich." Edna klatschte sich an die Stirn. „Wie dumm von mir. Aber vielleicht stehen bei euch ja auch ein paar gute. Kannst sie mir dann ja erzählen." Sie zog ihre Hand wieder zurück. „Welche Therapie steht jetzt eigentlich auf dem Programm?

„Gruppengespräch!"

„Nicht schon wieder."

Markus grinste. „Dann freue dich auf Übermorgen. Da haben wir als erstes... Gruppengespräch."

Edna seufzte. „Gruppenseelenstriptease. Mit einem Therapeuten zu reden ist ja in Ordnung, aber vor fremden Menschen... Ich fühle mich nicht besonders wohl dabei."

„Geht den meisten so. Zumindest wenn du keine narzisstische Persönlichkeitsstörung hast."

„Narzisstisch? Klingt nach Blumen."

Markus lachte. „Narzisstisch bedeutet so viel wie selbstverliebt, manchmal auch überheblich. Etwas zu viel Selbstbewusstsein eben. Glauben halt, dass sie etwas besonderes sind. Hatte ich auch mal." Er kraulte zärtlich Moritz' Kopf. Edna fiel es schwer sich Markus als narzisstische Persönlichkeit vorzustellen. Doch sie wusste nichts über seine Vergangenheit. Sie war gerade erst dabei ihn kennen zu lernen. Aber eines traf zu: Er war zweifellos etwas besonderes.

Nach dem Gruppengespräch suchte Markus die Toilette auf und begab sich in eine der Kabinen. Er wusste um die Klosprüche, hatte sie längst bemerkt, doch hatte er sich nie die Mühe gemacht sie zu lesen. Für ihn war es nur Gekritzel, das aus Langeweile entstanden war. Er setzte sich ohne besonderes Bedürfnis auf den Toilettendeckel und begann zu lesen. Moritz fand einen Platz auf der Klopapierrolle.

Das Leben ist eine geschlechtlich übertragene Krankheit.

Die meisten Menschen sterben an ihren Medikamenten und nicht an ihren Krankheiten (Moliére).

Darunter in anderer Schrift:

Diese Pillen bringen mich eines Tages noch um. Egal, ich habe Zeit.

Gestern stand ich noch vor dem Abgrund, heute bin ich einen Schritt weiter.

Er las weiter.

Liebe deine Feinde, dann drehen sie durch.

In der Regel habe ich immer recht. Dumm nur, dass ich ein Mann bin.

Markus grinste. Es war jene Art von Wortspiel, die er so mochte. Sein Blick schweifte an die Innenseite der Tür.

Zu seiner Überraschung fand er sogar lyrisches.

Er sah das Ende des Tunnels,
er sah das Licht,
doch dass es stammte vom Zug,
das sah er nicht.

Er entdeckte einen weiteren Spruch über der Toilettenpapierhalterung.

Gut Dung will Weile haben.

Markus war überrascht. Manche der Sprüche waren tatsächlich einer näheren Betrachtung wert. Dennoch erwartete er nichts philosophisches von einer Toilettenwand. Obwohl... man sollte niemals nie sagen:

Gott ist tot (Nietzsche)

Darunter in anderer Schrift:

Nietzsche ist tot (Gott)
Markus las weiter.

Ich glaube nicht an Gott und kenne Nietzsche nicht.
Vielleicht lebe ich deshalb noch.

Markus verließ die Kabine schließlich wieder, wusch sich die Hände und fragte sich, wie Gottes Toilettenwände wohl aussehen mochten. Und was auf ihnen geschrieben stand.
Er nahm Moritz wieder in den Arm, verließ die Toilette und folgte dem Flur bis er im Aufenthaltsraum stand. Er

war alleine. Die anderen waren vermutlich im Raucherraum oder genossen die Frühlingssonne. Markus setzte sich an einen der Tische und verwöhnte seinen Begleiter, wobei er sich mit sanfter Stimme mit dem Plüschhund unterhielt.

Allmählich trafen die anderen ein, ebenso der Therapeut. Edna war die letzte. Kognitives Training stand auf dem Therapieplan. Hierbei ging es um das Üben von Konzentration, wobei die Aufgaben durchaus aus einem Rätselheft hätten stammen können. Gelegentlich wurden auch Gesellschaftsspiele angeboten, die ebenfalls Logik und Denkvermögen forderten. Markus hatte wenig Mühe mit beidem. Moritz dagegen sah zum Fenster hinaus und wartete träumend auf den Mittag.

An das kognitive Training schloss sich das Backen an. Dies war die Aufgabe von zwei Patienten und diesmal zählte Markus nicht dazu. Für ihn war dies zusätzliche Freizeit, die er an seiner Schreibmaschine verbrachte. Christian war in der Küche. Er hatte sich schon die ganze letzte Woche den Kopf darüber zerbrochen, welchen Kuchen er zusammen mit Michael backen sollte. Markus grinste. Ein chaotischeres Team hatte die Küche seit seiner Einweisung nicht gesehen. Die Zeit verstrich wie ihm Flug und viel zu bald erinnerte ihn Renate daran, dass das Mittagessen angerichtet war. Als er den Speiseraum betrat aßen die anderen bereits, nur Thomas fehlte. Doch nicht nur dessen Platz war leer, sondern auch Teller und Löffel fehlten. Markus grüßte kurz und setzte sich. Es gab Chili Con Carne mit roten Bohnen. Es roch verführerisch. Markus setzte sich.

„Wo ist eigentlich Thomas?" fragte er. Moritz saß neben Markus auf dem Tisch. Er schien sich für das Chili aber nicht im Geringsten zu interessieren.

„Auf'm Klo," antwortete Michael beiläufig ohne sein Mahl zu unterbrechen. Markus nahm sich eines der Brötchen, die in einem kleinen Weidenkörbchen auf dem Tisch standen. Der Korb war eine der Arbeiten aus der Ergotherapie.

„Mit dem Essen?" Markus sah Michael fragend an. Thomas hatte schon immer eigenartige Anwandlungen, hatte sein Essen auch oft auf sein Zimmer genommen. Doch nie auf die Toilette.

Christian legte seine Stirn in Falten und schien angestrengt nachzudenken. „Warum eigentlich nicht? Ist doch ungemein ökonomisch. Man müsste das mal gesamtwirtschaftlich sehen. Was man da allein an Transportkosten sparen könnte."

Renate seufzte nur. „Meine Güte, das ist ja wie im Irrenhaus."

„Exakt," bestätigte Michael.

„Wie war das Backen eigentlich?" fragte Renate. Nun war es Michael, der stöhnte.

„Sah ein wenig aus wie Steinkohle...," meinte Edna schnippisch, worauf Christian sofort loswetterte.

„He... vielleicht gewinnt der Kuchen keinen Schönheitswettbewerb, aber schmecken tut er!"

„Hast du ihn schon gekostet?" fragte Renate, die ihren Teller beinahe geleert hatte.

„Ich hab nach meinem Gespräch mit dem Chefarzt vorhin mal vorbei geschaut," meinte Edna. Sie hatte ihre Stimme ein wenig gesenkt. Ihre Bemerkung war ihr im Nachhinein unangenehm. Auch wenn dies hier von niemandem übel genommen wurde.

„Und was hat der Obstler zu dir gemeint?" Renate steckte sich den letzten Rest ihres Brötchens in den Mund. Edna musste lachen und verschluckte sich beinahe dabei.

„Ist sein Spitzname hier," klärte sie Markus auf.

„Nett," erwiderte Edna. Sie nahm einen Schluck Mineralwasser. „Er wollte halt wissen wie ich mich fühle, was ich denke und so weiter. Und dass man mir hier helfen kann wenn ich dazu bereit wäre. Und hat mir dann halt einiges über den Stationsablauf erzählt." Der Tonfall ihrer Worte verriet, dass sie von dem Gespräch nicht viel hielt.

„Das sagt er zu allen wenn sie neu sind. Wenn es nach ihm ginge, sind wir hier alle schwerst krank." Renate legte ihr Besteck auf den Teller. „Dabei kenne ich da draußen jede Menge Leute, die eine Therapie dringend nötiger hätten als ich."

„Wie hat es Aldous Huxley doch so schön formuliert...," ergänzte Markus mit einem eindeutigen Grinsen. „Die medizinische Forschung hat so enorme Fortschritte gemacht, dass es überhaupt keine gesunden Menschen mehr gibt."

„Und damit könnte er mehr als recht haben," erwiderte Renate und die anderen nickten zustimmend, Stefan ausgenommen.

Nach dem Essen zog sich Markus für einen kurzen Spaziergang in den Park zurück. Anschließend hatte er vor an seinem Buch weiter zu arbeiten. Er war gerade im Begriff die Tür zu seinem Zimmer zu öffnen als er einen Schatten in den Augenwinkeln wahrnahm. Er wandte sich um und betrat den Aufenthaltsraum.

Auf den ersten Blick schien er leer und verwaist. Die Tische waren abgewischt, die Gesellschaftsspiele in den Regalen eingeordnet und die Hometrainer warteten auf neue Nutzung. Markus sah nach rechts. Dort saß Edna, zwischen einer Stereoanlage und einem Sofa zusammengesunken am Boden. Ihr Kopf war gesenkt und ihre Augen starrten leer zu Boden. Sie glitzerten und Markus sah eine einsame Träne zu Boden fallen. Er ging zu ihr und setzte sich neben sie. Obgleich sie keinerlei Regung zeigte hatte sie ihn doch wahrgenommen.

„Geh bitte! Ich möchte nicht dass du mich so siehst." Ihre Stimme klang leise und kraftlos. Markus lächelte sanft. Er nahm weder ihre Hand, noch sprach er ein Wort. Er war einfach nur da. Doch er schien unsicher als wüsste er nicht recht, was er tun sollte. Und so wartete er ab. Nach einer Weile legte er Moritz zu Ednas Füßen auf den Boden, so dass er in ihrem Blickfeld lag. Sein Blick wurde ernster und klarer. Er kannte diesen Zustand. Oftmals brauchte es nur einen Fetzen Erinnerung zur Trauer. Und manchmal war selbst dieser nicht nötig.

„Ich sehe dich so wie du bist," sagte Markus schließlich mit leiser, aber fester Stimme. „Weil ich dich so kennen möchte. Ich möchte dich kennen wie du bist, und nicht eine Illusion, die du anderen oder gar dir selbst vormachst. Weißt du, das gute an Orten wie diesen ist, dass man hier Gefühle zeigen kann ohne sie bereuen zu müssen. Mache dir keine Gedanken darüber, in welchem Zustand dich die anderen sehen. Es ist in Ordnung so wie es ist." Markus sah zum Fenster hinaus. Die Sonne schien und die Vögel sangen. Edna neben ihm war still. Sie schluchzte nicht und die gefallene Träne am Boden blieb alleine. Er schwieg eine Weile ehe er fort fuhr. „Der Schein ist so oft trügerisch. Für die anderen genauso wie für uns selbst. Nicht immer sieht man einem Menschen an was er ist oder wer er ist. Manchmal spült uns das Leben an Strände, an denen wir nicht sein wollen und manchmal auch an solche, an denen wir gar nicht sein sollten. Es liegt nicht immer an uns, die Strömung zu bestimmen." Er machte eine kurze Pause und sah Edna an, die noch immer zusammengesunken neben ihm saß. Ihre Hände hatten sich von ihrem Gesicht gelöst und sie starrte mit erschreckend leeren Augen zu Boden. Markus lächelte kaum merklich. „Manchmal ist es unwichtig, ob ein Ende gut oder schlecht ist. Solange es ein Ende gibt."

Edna sah auf. Ihre Unterarme ruhten auf ihren Knien und erst jetzt entdeckte Markus die vernarbten Schnitte auf der Haut. Doch es überraschte ihn nicht. Im Gegenteil. Er wäre wohl eher erstaunt gewesen, hätte es sie nicht gegeben.

„Ich wünsche mir nur dass es vorüber geht. Depressionen sind wie ein ewig währender Abschied ohne Grund. Ebenso wie Sehnsucht nach etwas, das man verlor ehe man geboren wurde." Edna war überrascht. Sie hatte nicht erwartet, solch tiefgründige Worte auszusprechen. Vielleicht war es einfach Markus' Einfluss auf sie.

Markus lächelte erneut. „Ich weiß. Und die Erinnerung kommt immer zurück, egal wie sehr man sich dagegen wehrt. Ein Wort, ein Lied, ein flüchtiger Blick, das alles können Boten der Vergangenheit sein. Erinnerungen sind sehr zerbrechlich. Sie verändern sich mit der Zeit und vermischen sich mit Sehsüchten, Wünschen, Träumen und Ängsten, bis sie letztlich ein Eigenleben führen, frei von aller Wahrheit. Viele Menschen unterschätzen einfach wie sehr die Vergangenheit die Gegenwart und Zukunft beeinflusst. Wir sind stets die Kinder unserer vergangenen Jahre. Das Leben gleicht einem Strand. Jeder, der uns begegnet, hinterlässt seine Spuren. Im guten wie im schlechten."

„Und unserer Fehler," ergänzte Edna.

„Nicht immer ist das, was uns im Nachhinein als falsch erscheint, wirklich ein Fehler gewesen. Entscheidungen treffen wir überall, doch nur allzu oft sind es eigentlich gar keine. Denn entschieden haben wir uns schon vor so langer Zeit. Welche Wahl wir treffen oder welchen Weg wir gehen ist das Resultat unserer Gefühle und Erfahrungen. Auch wenn du deine Entscheidung bereust und du heute eine andere Wahl treffen würdest, so war deine Entscheidung doch ein Kind seiner Zeit. Es geschah wie es geschehen musste. Du musst das nur verstehen. Dann kommt das Akzeptieren von ganz alleine. Und erst dann kann man wirklich frei entscheiden."

Edna hob ihren Kopf und sah zum Fenster hinaus. Was immer in ihrer Vergangenheit geschehen war, es hatte sie letztlich an diesen Ort geführt. Und zu Markus. Seine Worte hatten tatsächlich eine beruhigende Wirkung auf sie.

Markus blieb noch eine Weile neben Edna sitzen und klemmte Moritz dabei zwischen ihre Knie. Als sie ihre Fassung wieder gewonnen hatte und beinahe wieder ebenso stolz und rebellisch wie zuvor wirkte, setzten sie sich an einen der Tische. Bald würden auch die anderen eintreffen, denn immer Mittwochs wurde der Patientensprecher gewählt und der Küchendienst eingeteilt. Dazu gab es Kaffee und Kuchen. Michaels und Christians Kuchen.

Die Versammlung begann um zwei Uhr nachmittags und währte kaum zwanzig Minuten ehe Kaffee und Kuchen serviert wurden. Markus wurde die Ehre des Küchendienstes zuteil, an dem sich auch Edna beteiligte. Sie tat dies freiwillig obwohl sie in der ersten Woche keine Pflichten übernehmen musste. Doch sie wollte dies zusammen mit jemandem machen, dem sie vertraute. Und dies war nun einmal Markus. Der Kuchen, ein einfacher Sandkuchen, schmeckte besser als er aussah. Er war nur ein wenig zu lange im Herd geblieben, was ihm eine gewisse Knusprigkeit verlieh.

An die Versammlung schloss sich das Schwimmen mit Frau König an. Es war eine der angenehmsten Therapien und manche Patienten blieben bis zum Abend im Wasser. Zwar gab es nur ein großes Becken und auch sonst wirkte die Schwimmhalle steril und leer, doch bot nicht jede Klinik ein Schwimmbad an. Markus allerdings kehrte alsbald in sein Zimmer zurück und zog sich um. Anschließend nahm er eines seiner vielen Bücher und setzte sich auf die Couch in der Sitzgruppe am Eingang zur Station. Dort las er und wartete. Edna war in der Schwimmhalle geblieben.

Allzu lang musste er nicht warten.

Eine blonde Frau mitte dreißig betrat die Station und setzte sich zielstrebig neben Markus.

„Hallo!" Sie griff nach Markus' Buch und hob den Deckel an, so dass sie erkennen konnte, welches es war. „Sieh an, Hemingway."

Markus lächelte. „Hallo Jeanine. Du bist früh dran heute." Er schlug das Buch zu und legte es neben sich auf die Couch, direkt vor Moritz. Dieser zeigte sich allerdings unbeeindruckt. Das Plüschtier hatte für Literatur nichts übrig, was wohl auch daran lag, dass es nicht lesen konnte.

„Störe ich dich?"

„Keineswegs. Du warst beim Frisör?"

Jeanine lächelte. „Ja. Ich war etwas früher fertig als geplant. Wie geht es dir?"

„Gut." Markus lächelte. „Und dir wie es scheint auch."

„Ich kann jedenfalls nicht klagen. Ich soll dir von Martin einen schönen Gruß bestellen. Er meint, dass seitens des Verlags alles in Ordnung geht. Das neue Buch soll noch vor Weihnachten erscheinen." Martin war Markus' Bruder. Er kümmerte sich um das Geschäftliche, verhandelte mit Verlagen und organisierte Lesungen und Pressetermine. Markus übergab ihm regelmäßig seine Manuskripte, für alles andere interessierte er sich nicht. Die Welt außerhalb war für ihn ohne jede Bedeutung. Selbst die Lesungen übernahmen andere. Er sah in Jeanins Augen und ihr Leuchten sprach von mehr als nur Freundschaft. Markus wusste das.

„Das ist schön," erwiderte Markus knapp. Das Leuchten in ihren Augen verwirrte ihn, obwohl er es schon seit langem kannte.

„Er wird sich sicher demnächst bei dir melden um den Vertrag zu unterschreiben."

„Es eilt nicht." Markus gab sich gelassen. Es interessierte ihn nicht sonderlich. Jeanine lachte.

„Das sagst du doch immer." Jeanine sah Markus lächelnd an. „Du bist einfach zu bescheiden. Du bist berühmt, vergiss das nicht."

Markus seufzte. Er hatte es nicht vergessen, doch es bedeutete ihm nicht viel. „Ich weiß. Aber ich kümmere mich eben nicht gerne um den Papierkram und die ganze Publicity. Zu viele Menschen an einem Ort machen mir Angst."

Jeanine nickte. Sie kannte Markus inzwischen lange genug. Sie kannte ihn mitsamt all seinen Persönlichkeiten und Schwächen.

„Hast Du je geglaubt, einmal ein bekannter Schriftsteller zu werden?" Jeanine nahm Markus Hand.

„Ich habe nicht daran geglaubt, ich habe nur gehofft."

„Ist das letztendlich nicht das gleiche?" meinte Jeanine.

„Nein. Glauben heißt, dass der Verstand ja und die Gefühle nein sagen. Beim Hoffen ist es genau umgekehrt." Er lächelte. „Na ja, meistens zumindest."

Jeanine lächelte. „Ich habe an dich geglaubt."

„Ich weiß." Markus wusste nichts weiter zu antworten. Statt dessen ergriff Jeanine wieder das Wort.

„Wie kommt dein neuestes Buch voran?"

„Oh, sehr gut. Ich bin im letzten Kapitel." Markus begann zu erzählen und seine Stimme klang voller Begeisterung. Er war wieder ganz das Kind als er Jeanine von seinem neuen Buch zu berichten begann. Er griff nach Moritz und nahm ihn liebevoll in seine Hände. Er erzählte die Geschichte in allen Details als wäre er ein Teil von ihr und in gewisser Hinsicht war er dies auch. Er war ein kleiner Junge, der in den Tag hineinträumte und die Träume zu Papier brachte.

Nach einer Weile verlief sich das Gespräch im üblichen Smalltalk, so wie es das meistens tat wenn Jeanine ihn besuchte. Und das war jeden Mittwoch.

Nach dem Besuch zog sich Markus auf sein Zimmer zurück und schrieb wie besessen an seinem neuen Buch weiter. Und wieder versank er in seiner eigenen Fantasiewelt Das Abendessen brachte ihm dann Renate vorbei ohne dass die Schwestern eingriffen. Das Geschirr blieb dann bis zum Morgen in seinem Zimmer zurück. Als bekannter Künstler hatte Markus einige kleine Privilegien. Edna sah er an diesem Tag nicht mehr.

Zum Frühstück fanden sich alle wieder im Speisesaal ein. Es war bereits angerichtet und der Kaffee duftete verführerisch. Nur Olivia fehlte. Sie telefonierte, was sogar noch hier deutlich zu hören war.

„Tja, ein Mann ein Wort, eine Frau ein Wörterbuch," meinte Michael während er sein Brötchen bestrich. Markus ließ sich noch etwas Zeit und genoss seine erste Tasse Kaffee am Morgen.

„Wohl eher ein Groschenroman," kommentierte Christian und Renate grinste

„Ein Duden sicherlich nicht." Renate biss in ihr Brötchen. „Sie spricht jedenfalls ohne Punkt und Komma." Michael und Christian lachten, was aber abrupt endete als Olivia den Speiseraum betrat. Edna wechselte rasch das Thema.

„Was steht denn heute auf dem Programm?"

„Sprechstunde," entgegnete Michael knapp.

„Sprechstunde?" hakte Edna nach.

„Ist so eine Art Hautarztsprechstunde." Markus griff noch einmal in den Brötchenkorb und nahm sich ein Roggenbrötchen. „Da du hier nicht einfach die Klinik verlassen und wegen einer Erkältung oder so ähnlich zu deinem Hausarzt gehen kannst, gibt es jeden Donnerstag diese Sprechstunde." Er teilte das Brötchen mit dem fast stumpfen Messer. „Musst dich nur in die Liste in der Kuschelecke eintragen." Edna wollte gerade den Mund öffnen als Markus ihre Frage bereits beantwortete. „Das ist die Sitzgruppe am Eingang."

Edna nickte. „Kuschelecke... Nett! Und was machen die, die nicht zur Sprechstunde gehen?"

„Was immer sie möchten," erwiderte Renate knapp.

„Und danach?" Edna wandte sich wieder Markus zu. Moritz saß unbeeindruckt neben Markus auf den Tisch starrte auf dessen Teller.

„Ergo!"

„Ah!"

Markus lächelte und betrachtete seine belegte Brötchenhälfte beinahe wie ein Kunstwerk. "Nicht so deine Ding?"

Edna zuckte mit den Schultern. „Mit Ton oder Speckstein habe ich eigentlich immer gerne gearbeitet. Solange kein festes Thema oder Material vorgegebenen ist, ist es ganz in Ordnung."

„Da brauchst du dir hier keine Sorgen zu machen." Christian hatte sein Frühstück bereits beendet und schenkte sich nun Kaffee nach. „Ergo ist ganz locker. Zwar werden meist Themen vorgegeben, aber die sind nur grob definiert. Und bei den Materialien hast du freie Auswahl."

Renate prustete plötzlich vor Lachen wobei ihr beinahe der Kaffee aus der Nase lief. Sie sah Markus an.

„Weißt du noch wie sich Sascha damals an der Töpferscheibe versucht hat?"

Markus grinste schelmisch. „Oh ja. Er hat fast eine ganze Stunde gebraucht um den Ton wieder von den Wänden zu bekommen."

Edna grinste. „Scheint ja recht lustig zuzugehen."

„Manchmal schon," erwiderte Renate.

Mittlerweile stand Schwester Stephanie in der Tür, ein untrügliches Anzeichen dafür, dass das Frühstück zu Ende war. Noch sagte sie nichts, doch die Patienten verstanden. Nach und nach leerte jeder seine Tasse und verließ den Speisesaal.

Nur wenige hatten sich für ein Gespräch mit dem Allgemeinarzt eingetragen. Michael hatte einmal wieder Kopfschmerzen, von denen natürlich jeder bis auf den

Arzt wussten, woher sie kamen. Und Stefan, der einen Hang zum Hypochonder besaß, saß auch fast jeden Donnerstag im Sprechzimmer. Die meisten versammelten sich entweder im Aufenthaltsraum oder bei der Sitzgruppe am Ausgang. Christian bevorzugte einen Platz dicht am Schwesternzimmer, wo er die Gespräche in diesem belauschen konnte. Die anderen hingegen kehrten in ihre Zimmer zurück wie auch Markus, der sich an seine Schreibmaschine setzte. Völlig versunken in seiner Welt hörte er das Klopfen an der Türe nicht. Erst als Edna neben ihm stand bemerkte er sie.

„Es ist gleich zehn. Wir haben jetzt doch Ergotherapie, richtig?"

Markus nickte als er den letzten Satz zu Ende schrieb. Dann stand er auf. „Richtig. Lass uns gehen."

Er und Edna fanden sich kurze Zeit später in der Ergotherapie ein, ebenfalls ein Stockwerk tiefer auf Station 2A. Renate und Michael hatten sich bereits ihren Platz gesucht, die anderen fehlten ebenso wie die Patienten der Tagesklinik, mit denen sie sich die Therapie teilten. An den Wänden reihte sich Regal an Regal und vor dem Fenster stand ein alter, fast schon antiker Holztisch, auf dem verschiedene fertige und unvollendete Werkstücke ihren Platz gefunden hatten. Ein einsames Waschbecken befand sich neben der Tür und neben ihm hingen einige Kittel und Schürzen an der Wand. In der Mitte des Raumes standen acht neuere, in zwei Gruppen aneinander gestellte Tische mitsamt zugehörigen Stühlen. Zielstrebig hielt Markus mit Moritz im Arm auf den alten Tisch zu und Edna folgte ihm. Staunend zog Edna die Augenbrauen hoch. Vor ihr breiteten sich fertige und halb fertige Tonarbeiten, in Öl gemalte Bilder, Stofftiere, Fensterbilder und vieles mehr aus.

„Habe ich hier freie Auswahl, was ich machen möchte?"
fragte sie und strich sich eine Strähne aus der Stirn.
Markus lächelte. „Klar doch. Was immer du willst."
Edna atmete tief durch, denn die Wahl fiel ihr sichtlich
schwer. Dann kam ihr ein Gedanke. Sie sah Moritz an
und streichelte dessen Kopf. „Ist der hier entstanden?"
Markus lachte kurz auf. „Na ja, nicht in dieser Klinik,
aber innerhalb einer Ergotherapie. Das ist richtig."
„Und wieso ausgerechnet einen blauen Plüschhund?"
Markus lächelte und schwieg. Edna erkannte rasch, dass
dies sein Geheimnis war und bleiben würde. Sie wandte
sich wieder dem Tisch zu. „Welches davon ist deines?"
„Keins. Ich hatte einen kleinen Weidenkorb geflochten,
aber der steht jetzt in meinem Schrank."
„Hm, einen Brötchenkorb könnte ich brauchen. Sind die
schwer zu flechten?"
Markus sah kurz zur Türe, als Olivia, Stefan und die
Tagesklinikpatienten eintraten. Und mit ihnen die
Ergotherapeutin. Es war Frau Schmidt, eine kleine
schmächtige Mittfünfzigerin mit Hornbrille. „Nein, nicht
wenn man weiß wie. Und das kann ich dir zeigen." Er
setzte sich an einen der Tische und bot Edna den Stuhl
neben sich an.
„Da bin ich mal gespannt. Du scheinst ja schon einige
gemacht zu haben."
„Lass es mich so ausdrücken: es haben schon einige
Leute von mir einen Korb bekommen."
Edna grinste. „Du und deine Wortspiele."
Nachdem sich alle gesetzt hatten kam die Therapeutin
direkt auf Edna zu. Die beiden stellten einander vor und
nachdem Markus erklärte, dass er Edna das Korbflechten
beibringen würde, kümmerte sich Frau Schmidt um die
anderen Patienten. Edna wandte sich wieder Markus zu,

60

der vor einem Klumpen Ton saß, den er begonnen hatte zu bearbeiten. Er schien so beschäftigt, dass er Edna nicht mehr wahrzunehmen schien. Diese sah ihm neugierig zu. Es entstand eine zuerst flache, dann etwas tiefer Schale mit zwei handbreit Durchmesser.

„Ein Aschenbecher?" fragte Edna.

Markus lächelte. „Oh, entschuldige, ich hatte dich ganz vergessen." Er stand auf. „Es ist kein Aschenbecher, sondern es soll ein Futternapf werden. Der letzte ist von Christian leider zweckentfremdet worden und im Raucherraum vom Tisch gefallen." Ednas Blick fiel auf Moritz, der scheinbar ungeduldig auf den Ton starrte.

„Und was kommt dann da rein?"

„Meist sind es Süßigkeiten, die mag er am liebsten. Moritz isst allerdings wenig davon, so dass ich das meiste davon nasche."

Edna grinste als Markus sie zum Tisch am Fenster führte und ihr einige halbfertige Körbe zeigte. „Möchtest du einen geflochtenen Boden oder einen aus Holz? Letztere sind einfacher zu machen." Edna betrachtete die Körbe und entschied sich für einen hölzernen Böden. Zusammen suchten sie sich einen aus. In einem der Regale lag eine große Auswahl vorgebohrter Holzbretter. Dann kehrten sie an ihren Platz zurück und Markus begann Edna zu unterweisen. Renate, die links von Markus saß, arbeitete indessen weiter an ihrem Bild. Sie hatte eine Gipshand gefertigt und dafür in die Mitte der Leinwand ein Loch geschnitten, so dass die Hand von hinten in das Bild greifen würde. Plötzlich hielt sie inne und dachte nach.

„Ich könnte jetzt noch eine Sonne hinein malen, so dass die Hand nach der Sonne greift." Renate dachte laut und legte dann ihre Stirn in Falten. Aber wenn ich jetzt die

Hand rein klebe, dann ist kein Platz mehr für die Sonne. Und wenn ich die Sonne oben hin male, dann reicht der Platz nicht mehr für die Hand." Renate grübelte herum.

„Da beißt sich doch die Katze in den Schwanz."

„Das ist fast wie die Frage, was zuerst da war. Das Huhn oder das Ei?" mischte sich Christian ein, der Renate gegenüber saß.

„Das Ei, ganz klar," erwiderte Markus.

„Sicher?"

„Wenn es ein Dinosaurierei war, dann ja." Markus sah von seiner Arbeit nicht auf während Edna damit beschäftigt war die Starken zurecht zu schneiden und in die Löcher des Holzbodens zu stecken.

„Wie? Dinosaurier?" Nun mischte sich auch Renate in das Gespräch.

„Von denen stammen doch die Vögel ab," antwortete Markus mit einem Grinsen.

„Weiß der auf alles eine Antwort?" Edna wandte sich an Renate.

„Frag ihn das besser nicht," entgegnete diese als sie ihr Bild anhob und inständig betrachtete.

„Was ich eigentlich damit sagen möchte..." Markus wurde wieder ernst. „...ist dass es auf jede Frage eine Antwort gibt und für jedes Problem eine Lösung. Auch wenn sie nicht immer sofort auf der Hand liegt."

„Und wie sieht die in meinem Falle aus?"

„Mach weiter unten doch ein weiteres Loch und klebe das andere von hinten zu. Wenn die Hand sich dann zur Bildmitte hin erstreckt, dann sieht das alte Loch niemand mehr." Markus wandte sich wieder seinem Futternapf zu wobei er Ednas Fortschritte stets im Auge behielt. Edna war mittlerweile fertig und begann unter Markus Anleitung die Seitenwände zu flechten, wobei sie sichtlich Mühe hatte. Markus sah ihr lächelnd zu und machte sie auf Fehler aufmerksam als eine der Starken mit einem hässlichen Knacken abbrach.

„Verdammter Mist. Was mach ich jetzt?"

Michael, der geduldig, aber erfolglos versuchte eine kleine Figur aus Speckstein herauszuarbeiten, grinste nur.

„Du musst positiv denken und die Dinge positiv sehen. Wenn Dir ein Vogel auf die Jacke scheißt, dann darfst du dich nicht über eine schmutzige Jacke ärgern. Sei einfach froh dass Kühe nicht fliegen können."

Edna prustete vor Lachen. „Und dafür danken wir Gott auf Knien." Und nicht nur sie lachte, sondern alle am Tisch. Sogar Stefan verzog ausnahmsweise die Mundwinkel.

Michael lehnte sich zu Edna hinüber. „Du darfst dir das jetzt nicht allzu bildlich vorstellen!"

„Warum denn nicht?" konterte Christian trocken. „Stell dir mal vor die hat auch noch Durchfall."

„Dann sollte man besser nicht nach oben sehen. Oder aber

einen stabilen Regenschirm dabei haben." Michael schob seinen Speckstein zur Seite. Er war offensichtlich zum Schluss gekommen, dass er als Bildhauer nicht viel taugte. Das Gelächter indes hielt an. Nur Renate schüttelte den Kopf.

„Können wir mal das Thema wechseln? Das ist ja ekelhaft."

Langsam beruhigten sie die Patienten wieder und arbeiteten weiter. Markus zeigte Edna wie man eine neue Starke einfügte.

„Keine Lust mehr auf Speckstein?" fragte sie Michael, der scheinbar resigniert vor einem nun leeren Tisch saß. Michael schüttelte nur den Kopf.

Christian mischte sich ein. „Das ist halt unser Michael. Er kann einfach alles, dafür aber nichts richtig. Das nichts richtig aber dafür richtig gut."

„Halt bloß den Mund," fauchte dieser zurück und stand auf. Er beriet sich kurz mit Frau Schmidt und entschied sich dann ebenfalls für Ton. Als er sich ein Arbeitsbrett aus einem der oberen Regalfächer nahm rutschten ihm alle entgegen.

„Hoppla," meinte er überrascht. „Na ja, alles Gute kommt von oben."

Markus war dieses Malheur nicht unbemerkt geblieben. „Tröste dich," grinste er. „Zumindest sind die Bretter heute sehr entgegen kommend."

„Wie wahr." Michael legte das Brett auf seinen Platz und holte sich Ton. Markus war indes fast fertig. In großen Buchstaben ritzte er noch Moritz Namen in den Napf um künftigen Verwechslungen vorzubeugen. Dann wusch er sich die Hände und streichelte seinen treuen Begleiter, der noch immer auf den nun vollendeten Napf starrte. Er musste nur noch gebrannt und glasiert werden.

Gegen zwölf Uhr kehrten alle zum Mittagessen auf ihre Station zurück. Es gab Hähnchenspieß mit Kaisergemüse und Kartoffeln. Für Olivia natürlich ohne Spieß. Danach traf man sich wieder nach jedem Essen im Raucherraum. Christian saß am Tisch und grübelte.

„Schon wieder am Theorien aushecken?" fragte Renate, zog einen Stuhl unter dem Tisch hervor und setzte sich.

„Ich hab mir die Sache mit der Mondlandung noch einmal durch den Kopf gehen lassen," meinte er und machte eine kreisende Bewegung mit der rechten Hand und Zigarette.

„Ach du meine Güte," stöhnte Renate. Markus saß neben Christian und sah zum Fenster hinaus. Stefan ihm gegenüber war natürlich alles egal.

„Du glaubst also die war gefälscht?" Michael lehnte gegen einen der Spinde.

„Aber selbstverständlich. Mit Roswell ist es doch das gleiche. Das vertuschen die." Er beugte sich zu Renate hinüber. „Ich sag dir, da ist eine ganz große Sauerei am Laufen. Die Aliens sind doch längst unter uns. Und jeder, der das durchschauen kann, wird weg gesperrt."

„So so... natürlich in eine Klapse wie diese," stellte Michael amüsiert fest.

„Du erkennst das schon richtig. Natürlich, sonst wärst du ja nicht hier." Christian zog an seiner Zigarette. „Die Psychiater wissen das natürlich auch nicht so genau, aber die werden halt beauftragt dafür zu sorgen, dass keiner zu viel quatscht. Hm... Man müsste einfach mal an die Unterlagen im Schwesternzimmer kommen. Die müssten da doch jede Menge haben." Er grübelte einen Moment. „Jemand müsste die Nachtschwester weg locken." Er wandte sich an Renate. „Hast du Lust heute Nacht Schmiere zu stehen während ich da mal nachsehe?"

„Gute Güte, nein. Wo kämen wir denn da hin?" Renate schien erbost obgleich alle wussten, dass dies nur gespielt war.

„Eine gute Frage," meinte Markus beinahe beiläufig während er einen neuen Glimmstängel aus seiner Schachtel hervor fingerte. „Wo kämen wir hin wenn alle sagten, wo kämen wir hin und niemand ginge um nachzusehen wohin wir kämen, wenn wir denn gingen."

Schweigen.

„Ähm... Würdest du das bitte noch einmal wiederholen?" Renate schien irritiert wie fast alle. Markus grinste. Er hatte den Satz absichtlich ziemlich schnell ausgesprochen. Aber er tat den Anwesenden dann doch den Gefallen.

„Unser Christian hat eben doch die absurdesten Einfälle," meinte Michael nach einer kurzen Weile. Die Luft im Raum war zum schneiden dick und rauchgeschwängert, so dass Renate das Fenster kippte.

„Von wegen absurde Idee. Das musst du gerade sagen." Christian warf Michael einen fast schön bösen Blick zu. „Wie war das noch mal mit deiner Romadour-Geschichte?"

Die Runde brach in Lachen aus, nur Edna blickte fragend zu Markus hinüber. „Habe ich etwas verpasst?"

„Oh ja." Markus holte Luft und Michael seufzte ergeben. Doch es war Christian, der die Geschichte erzählte während Renate sich bemühte, die Fassung wieder zu erlangen.

„Michael hat mal einen stinkenden Käse mitgebracht und auf die Heizung gelegt. Irgendwie ist der Käse dann hinter die Heizung gefallen. Da ihn keiner mehr hervorholen konnte musste der Hausmeister den Heizkörper demontieren. Wir hatten den halben Tag keine Heizung mehr, im ganzen Stockwerk nicht. Vom Gestank ganz zu schweigen."

Edna zog die Augenbrauen hoch, dann lachte auch sie. „Ich will mir den Geruch gar nicht erst vorstellen müssen."

Michael zuckte mit den Schultern. „Er musste halt noch etwas reifen."

Christian lachte auf. „Aber musstest du ihn unbedingt vorher noch auspacken?"

Die Antwort kam prompt „Ein guter Käse muss eben atmen können um zu reifen. Ist wie mit dem Wein."

„Ja ja... ich glaube eher du wolltest den Alkoholdunst vom Gelage in der Nacht davor überspielen," vermutete

Christian. Markus' Grinsen schien diese Vermutung zu bestätigen. Michael seufzte nur und ergab sich seinem Schicksal. Renate sah auf ihre Uhr und erinnerte an die bevorstehende Musiktherapie.

Die Therapie, die ebenfalls ein Stockwerk tiefer stattfand, war wie so viele andere auch. Im Kreis sitzend durfte sich jeder der Patienten ein Instrument aussuchen, wobei die Auswahl eher gering war. Trommeln stellten das Gros der Musikinstrumente, daneben gab es zwei Xylophone, einige Triangeln, eine Gitarre und ein Klavier, wobei letzteres hauptsächlich von der Therapeutin benutzt wurde. Diese war Frau Bergheimer, eine noch recht junge Frau von etwa dreißig Jahren mit modischem Kurzhaarschnitt. Nachdem sich Edna vorgestellt hatte begann Frau Bergheimer einen Rhythmus vorzugeben, in den sich jeder andere nach und nach einbringen sollte. Oft endete dies in einem Chaos, so wie auch dieses mal. Ein Instrument beherrschte keiner der anwesenden Patienten und so spielte jeder das, was er konnte oder wollte. Markus hatte sich wie meist eine Trommel genommen und Edna tat es ihm nach. Doch sie spielte kaum mit, sondern beobachtete die anderen. Moritz, der auf Markus Trommel saß, hüpfte im Takt auf und ab, was Edna zum Lachen brachte. Die anderen schmunzelten. Die Musik klang wie eine Mischung aus Blues und Schlager mit kubanischem Rhythmus und asiatischem Einschlag, der vom Xylophon stammten. Michael beschleunigte den Takt, doch niemand folgte, was das Stück noch chaotischer machte. Olivia kam dadurch aus dem Takt, gab entnervt auf und warf ihrem rechten Nachbarn einen bitterbösen Blick zu. Schließlich wurde das chaotische Stück langsamer und endete dann. Michael ergriff als erster das Wort. Olivia seufzte verächtlich.

„Was ist los?" er wandte sich an Olivia. „Warum bist du nicht mitgegangen?" Michael wackelte mit dem Kopf im Takt der beendeten Musikstücks.

„Warum leckst du mich nicht einfach am Arsch?" giftete Olivia. Sie sah Michael nicht an sondern demonstrativ zur Seite.

Michael grinste. „Dafür ist meine Zunge nicht groß genug ist. Außerdem hasse ich Haare im Mund."

„Das ist doch..." Olivia fehlten die Worte. Frau Bergheimer versuchte die Situation zu entschärfen.

„Bitte!" Die Therapeutin lächelte und die beiden schwiegen. Olivia war beleidigt und schmollte demonstrativ. Sie beteiligte sich auch nicht mehr an der Therapie als Frau Bergheimer das anschließende Gespräch mit der Frage begann, was die Patienten beim Musizieren fühlten. Doch noch öfters sahen die anderen Patienten zu den beiden hinüber und grinsten. Und als sie wieder auf ihre Station zurückkehrten hielten Michael und Olivia den größtmöglichen Abstand zueinander.

Der Therapietag war zu Ende. Markus kehrte in sein Zimmer zurück und arbeitete ein wenig an seinem neuen Buch weiter. Doch schon zu bald stand er wieder auf. Es fehlte ihm an Konzentration und auch an Lust. So nahm er sich die Badehose, ein Handtuch und Moritz und beschloss die Schwimmhalle aufzusuchen. Er verließ sein Zimmer und schlenderte den Flur entlang als er Edna auf dem Sofa der Sitzgruppe entdeckte. Sie wirkte anwesend und nachdenklich. Er setzte sich zu ihr.

„Alles in Ordnung bei Dir?" fragte Markus. Edna antwortete nicht. Sie sah nicht einmal zu ihm hinüber. Markus lächelte leicht und schwieg ebenfalls. Es dauerte eine Weile bis jemand sprach. Die Badesachen hatte

Markus neben sich gelegt und Moritz bewachte sie mit Stolz und Erhabenheit. Schließlich hob Edna den Kopf.

„Ist schon OK. Geht wieder." Sie versuchte zu lächeln, doch es gelang ihr nicht.

Markus nickte. „Möchtest du reden?"

Edna atmete tief durch. Sie schien unschlüssig und erst nach fast einer Minute sah sie Markus an.

„Ist irgendwie nicht mein Tag heute," meinte sie schließlich beinahe verlegen.

„Die Tage hat jeder hier und soweit sie nicht zum Dauerzustand werden geht das in Ordnung." Markus streichelte Moritz Nacken ohne dabei seinen Blick von Edna zu wenden. „Seit wann hast du diese Stimmungsschwankungen?"

„Etwa seit ich fünfzehn bin. Keine Ahnung warum." Sie sah Markus kurz an, wandte ihren Blick dann wieder ab und starrte auf den Tisch, auf dem einige alte Zeitschriften lagen.

„Hattest Du eine schöne Kindheit?"

„Nicht wirklich. Na ja, eigentlich war es die Hölle. Manchmal zumindest." Edna sah wieder zu Boden und bemerkte nicht, dass Stefan den Flur entlang kam. Fast einem Gespenst gleich näherte er sich den beiden.

„Wenigstens ist es dort schön warm," kommentierte dieser ohne eine Miene zu verziehen oder stehen zu bleiben. Edna sah auf und der pure Zorn loderte in ihren Augen.

„Ist das alles was Du dazu zu sagen hast, du Idiot?" fauchte Edna. Stefan zeigte keine Regung und ging weiter als sei nie etwas gesagt worden.

„Der hat doch keine Ahnung, was ich durchgemacht habe." Edna schluchzte während Stefan in einem der Zimmer verschwand. Markus legte seinen Arm sanft auf ihre linke Schulter.

„Vielleicht doch," sprach er mit gesengter Stimme. „Er spricht nicht über seine Vergangenheit, doch ein wenig habe ich mitbekommen." Er machte eine kurze Pause und sah zu der Tür hinüber, in dem Stefan verschwunden war. „Er versteckt es hinter einer makabren, zynischen Maske, doch im Inneren hat er nie vergessen. Er leidet er noch immer, auch wenn er nicht imstande ist es zu zeigen. Und seine Augen sind so erschreckend leer." Für einen Moment schwieg Markus und es schien, als seien seine Gedanken wieder in einer anderen Welt gefangen. „Manchmal lässt einen das Leben abstumpfen und gefühlskalt werden. Und manchmal lässt es einen im eigenen Wahnsinn ertrinken." Markus lächelte ohne Edna anzusehen, zu sehr war er in Gedanken versunken. „Für was hast du dich entschieden? Für Kälte oder Wahnsinn?"

„Für den Wahnsinn." Ednas Stimme war kaum zu hören, so leise sprach sie als wollte sie die eigene Traurigkeit darin zu verschleiern. Doch Markus spürte sie.

„Ja" sagte er, fast ebenso leise wie Edna zuvor. „Wahnsinn ist beweglich, er gibt den Gedanken und Gefühlen Nahrung. Kälte bedeutet Stillstand. Was immer auch mit dir geschehen sein mag, du bist stärker. Wahnsinn bedeutet Hoffnung auf bessere Zeiten. Kälte bedeutet Selbstaufgabe. Und damit das Ende."

„Woher weißt du das alles?" Edna sah auf und ihre Tränen glänzten im gelben Neonlicht. Markus lächelte. Wie in Zeitlupe drehte er seinen Kopf und sah Edna in die Augen.

„Ich weiß es einfach. Woher spielt keine Rolle. Dieses eine Mal nicht."

Edna atmete laut hörbar aus. „Wahrscheinlich hast du

recht. Trotzdem ist es nicht leicht. Manchmal wünschte ich mir wirklich, dass ich keine Gefühle hätte. So wie Mister Spock beim Raumschiff Enterprise."

„Der Gedanke mag verlockend sein." Markus setzte sich auf und legte Moritz in seinen Schoß. Aber sein Blick war sonderbar skeptisch als er das blaue Plüschtier ansah. „Der Verstand ist es, der uns zu Menschen macht und die Gefühle sind es, die uns menschlich machen. Auch wenn sie manchmal schmerzen. Aber das ist nur vorübergehend."

„Ja, ich weiß. Es wird alles wieder gut. Oder das wird schon wieder. Das sind doch alles die gleichen doofen Sprüche." Edna Worte waren zornig, jedoch nicht böse gemeint. Sie blickte kurz zum Fenster hinaus und wandte sich dann wieder Markus zu. Ihre Stimme war nun leiser und gefasster. „Ich erinnere mich an einen Spruch, der bei meiner Großmutter an der Wand hängt. 'Immer wenn du denkst es geht nicht mehr, kommt irgendwo ein Lichtlein her.' Nur helfen solche Sprüche einem eben auch nicht weiter."

„Nein, das tun sie nicht. Sie spiegeln meist nur die Hilflosigkeit derer wider, die sie benutzen." Markus kraulte Moritz gedankenabwesend. „Aber meist treffen sie doch zu wenn man etwas Geduld hat. Das Leben ist unberechenbar genug dass es auch gute Zeiten gibt. Ein bisschen etwas muss man dafür natürlich auch tun."

Edna nickte. „Ich habe halt einige kleine Dummheit gemacht." Edna lächelte bei diesem Satz, was Markus nicht entging.

„Es sind doch gerade die spontanen Entscheidungen, die man am ehesten bereut und an die man sich später am liebsten erinnert." Markus sprach diesen Satz mit seltsam lieblicher Stimme. „Ich war auch nicht immer vernünftig."

„Wirklich? Kann ich mir bei dir kaum vorstellen." Doch dann erinnerte sich Edna daran, dass auch Markus seine impulsiven Momente hatte. „Na ja, zumindest nicht immer."

Markus lachte. „Ich gehe jetzt noch ein wenig schwimmen. Möchtest du mit?"

Edna schüttelte den Kopf. „Nein danke. Ich geh lieber noch etwas spazieren."

„Soll ich mitkommen?" Markus nahm seine Badesachen und Moritz in die Hand.

„Gerne." Edna lächelte, diesmal ungezwungen. „Wenn es dir nichts ausmacht."

„Keineswegs." Markus stand auf und wartete auf Edna. Nachdem er Badehose und Handtuch auf sein Zimmer zurückgebracht hatte, machten sich beide auf in den Klinikpark.

Am nächsten Morgen versammelten sich alle wieder am Frühstückstisch. Sogar Michael war diesmal pünktlich und ohne Augenringe erschienen. Und selbst Stefan schien bessere Laune zu haben. Nur Irene fehlte. Ein war ein schöner Freitag und draußen schien die Sonne.

„Was ist eigentlich die Malauswertung?" fragte Edna als sie sich ihr Brötchen mit Butter bestrich.

„Da werden die gemalten Bilder analysiert." Renate griff nach der Kaffeekanne. „Der allwöchentliche Wahnsinn eben."

„Analysiert?" Edna zog die Augenbrauen hoch. „Du meinst von den Therapeuten?"

„Genau das." Renate grinste. „Kommt alles in deine Krankenakte."

Markus klärte eine reichlich erstaunte Edna schließlich auf. „Nachdem alle Bilder an die Wand gehängt wurden werden zwei von uns bestimmt um ein Bild zu interpretieren. Anschließend darf dann der Maler etwas dazu sagen und zuletzt der Therapeut."

„Und das kommt alles in die Akte?" Edna konnte es noch immer nicht glauben.

Markus nickte. „Ja, tut es. Aber mach dir deswegen keine Gedanken. Außer den Therapeuten bekommt die Akte niemand zu sehen. Vielleicht noch dein Psychiater, wenn er sie anfordert. Und du zustimmst."

Edna seufzte und biss in ihr Brötchen. Markus sah zu Christian hinüber. Er war heute eigenartig still und aufmerksam und das verhieß nichts gutes. Denn oft folgt seiner Zurückgezogenheit ein psychotischer Anfall.

„Was hat Irene eigentlich zu den Öko-Keksen gesagt, die du ihr gegeben hast?" fragte Michael nach einer Weile Olivia, die rechts von ihm saß. Doch nicht sie antwortete, sondern Renate.

„Sie meinte sie gehen." Renate griff nach einem Becher Joghurt und würdigte Olivia nicht eines Blickes. Diese saß ob der Frechheit, dass nicht sie antworten durfte, mit offenem Mund da.

„Und wohin gehen sie?" hakte Michael süffisant nach.

„Ist doch klar, sie ist gerade auf dem Klo."

Olivia fiel glatt das Messer aus der Hand und landete klirrend neben Käse und Halbfettmargarine auf ihren Teller. „Das ist doch..." Ihr fehlten die Worte während die anderen still in sich hinein grinsten bis die anwesende Krankenschwester sie ermahnte. Bis zum Ende des Frühstücks wagte niemand mehr zu sprechen und es war offensichtlich, dass Olivia einmal mehr schmollte.

Es folgte das Gruppengespräch und anschließend fanden sich einige wieder im Raucherraum ein.

Markus war mit Renate und Michael alleine. Christian fehlte. Statt dessen entdeckte er einen neuen Zettel an einem der Spinde. Im Vorbeigehen las er ihn. *Ein Pessimist ist ein Mensch, der das Schlimmste erhofft und auf das Beste gefasst ist (Werner Kraus).* Markus grinste als er sich setzte.

„Was ist heute eigentlich mit Christian los? So ruhig habe ich ihn ja noch nie erlebt." Renate zündete sich eine Zigarette an. „Der ist doch sonst so aufgedreht."

„Keine Ahnung," antwortete Michael. „Hat halt mal 'ne ruhige Phase."

„Die hat er öfters." Markus fingerte eine Zigarette aus der Schachtel und sah dabei nachdenklich aus dem Fenster. „Ihr solltet ihn besser in Frieden lassen, sonst kann er sehr unangenehm werden."

„Unangenehm? Inwiefern?" Renate streichelte Moritz kurz, zog aber ihre Hand zurück als Markus sich ihr zuwandte.

„Er kann aggressiv reagieren. Reiz ihn also besser nicht."

„Oh." Renate sog den Rauch tief ein und versuchte Ringe in die Luft zu malen, doch es misslang ihr zu Michaels Vergnügen gründlichst. Doch seine Freude verlor sich rasch in einem Hustenanfall.

„Ich sollte mit dem Rauchen aufhören," meinte er schließlich als er wieder zu Atem gekommen war. Renate lachte.

„Du solltest eher mit dem Saufen aufhören." Sie nahm einen tiefen Zug aus ihrer Zigarette und sah dann zu Markus hinüber. „Hast Du schon einmal versucht mit dem Rauchen aufzuhören?"

„Nein. Vielleicht lebt man dann etwas länger, aber die Länge eines Lebens ist unbedeutend. Wichtig ist nur was wir erreichen und hinterlassen. Qualität vor Quantität. Ohne Zigarette wäre nie ein Buch entstanden. Und ohne Kaffee auch nicht." Markus lächelte.

„Stimmt irgendwie auch wieder," erwiderte Renate. Michael indes nahm sich einen weiteren Glimmstängel aus der Schachtel und betrachtete ihn eingehend.

„Dabei ist das Aufhören so einfach. Ich hab das schon mindestens ein Dutzend Mal geschafft," meinte Michael fast beiläufig.

„Und das letzte mal erst vor drei Wochen," ergänzte Markus. „Und jetzt sitzt er wieder hier." Gelächter folgte.

Plötzlich wurde die Tür geöffnet und Edna trat herein. Sie sah sich um. „Sollten wir jetzt nicht Therapie haben?"

„Ja, Entspannung," bestätigte Markus. „Aber Frau Schmidt kommt meistens sowieso zu spät. Sie hat vorhin mit Herrn Ganzenhauer gesprochen und das dauert immer. Setz dich ruhig!" Edna setzte sich neben Markus, wobei sie Moritz kurz zuwinkte, der für einen Nichtraucher die stickige Luft mit Engelsgeduld über sich ergehen ließ.

„Dann ist ja alles in Ordnung." Sie lieh sich von Renate eine Zigarette und zündete sie mit Markus' Feuerzeug an.

„Christian ist ziemlich still heute," bemerkte sie dann, was Michael mit einem kurzen Seufzen quittierte ehe sie fortfuhr. „Er hat vorhin nur etwas von Ewigkeit oder Unendlichkeit gefaselt als ich ihn angesprochen habe. Kein Wort von irgendwelchen Verschwörungen oder ähnliches."

„Wo ist er eigentlich gerade?" fragte Renate.

„Er hockt auf dem Sofa beim Telefon und starrt zum Fenster raus." Edna genoss den Rauch ihrer Zigarette sichtlich.

„Unendlichkeit..." Michael grinste. „Das klingt ja schon fast nach Stefan."

„Fast schon ein philosophisches Thema." Renate drückte ihre Kippe im übervollen Aschenbecher aus. Sie betrachtete ihn mit hochgezogenen Brauen, als sollte ihn jemand einmal leeren. Sie schien aber keine Lust dazu zu haben.

„Nicht unbedingt," erwiderte Markus. „Mathematisch gesehen ist Unendlichkeit nichts weiter als eine gestolperte Acht."

„Du musst es ja wissen," lachte Edna. Michael sah indessen auf die Uhr.

„Auch wenn die Schmidt zu spät kommt, sollten wir langsam mal runter." Er schien ein wenig nervös. Er wusste, dass er sich nichts mehr leisten konnte seit man vor zwei Wochen einen Flachmann in seinem Zimmer gefunden hatte. Markus und Renate stimmten ihm mit Nicken zu und Edna nahm noch schnell zwei Züge aus ihrer halb gerauchten Zigarette ehe sie sie ausdrückte. Dann ging es zur Entspannungstherapie.

Bald darauf lagen alle ein Stockwerk tiefer wieder auf ihren Decken. Edna, Olivia und Stefan hatten sich zugedeckt, doch Markus verzichtete darauf. Da die Heizung auf höchster Stufe lief wäre es ihm schnell zu warm geworden. Frau Schmidt schaltete die Stereoanlage an, neben der sie saß. Naturgeräusche erfüllten den Raum: das leise Rauschen eines Baches, Vogelgesang und das Zirpen von Grillen. Markus begann zu träumen. Die Therapeutin begann nun die Sitzung einzuleiten, einfache Aufgaben zur bewussten An- und Entspannung bestimmter Muskelgruppen. Ansonsten war es still im Raum, bis Michael nach etwa fünfzehn Minuten leise begann zu schnarchen begann. Edna versuchte ihr Lachen zu unterdrücken, doch es gelang ihr nur unzureichend. Ihr grunzendes Prusten übertönte beinahe sogar die Stereoanlage. Olivia, die neben Michael lag, trat ihn schließlich gegen das Schienenbein, was dieser mit einem kurzen Aufschrei quittierte. Frau Schmidt seufzte, denn von Entspannung konnte bei dem nun aufkommenden Gekicher keine Rede mehr sein.

Um kurz vor elf Uhr waren dann alle wieder auf der Station. Es folgten die Einzelgespräche mit den jeweiligen Bezugstherapeuten. Edna war als erster dran, gefolgt von Markus, die beide den gleichen Therapeuten hatten. Es war ein sehr kurzes Gespräch das verdeutlichte, dass er wohl noch mindestens zwei weitere Woche hier verbringen würde. Er war gerade auf dem Weg in den Raucherraum, als er Edna neben der Treppe am Fenster stehen sah. Sie hatte ihn bereits bemerkt.

„Hallo Markus." Ihre Stimme klang ein wenig müde.

„Hallo. Ganz alleine und nicht im Raucherraum?" Markus gesellte sich zu ihr und setzte Moritz auf das Fensterbrett. Edna schüttelte leicht den Kopf.

„Ich war gerade eine rauchen," meinte sie lächelnd. Doch es war offensichtlich, dass ihr einiges durch den Kopf ging. „Ich möchte mich bei dir für gestern entschuldigen. War nicht so mein Tag."

Markus strich Moritz zärtlich über den Kopf. „Du brauchst dich nicht zu entschuldigen. Das ist schon in Ordnung. Niemand kann erwarten, dass sich jeder Mensch zu allen Zeiten immer voll unter Kontrolle hat." Er sah kurz zum Fenster hinaus. „Und hier schon gar nicht," fügte er hinzu. „Wie war dein Gespräch?"

„Na ja, in etwa wie ich es erwartet hatte. Ich werde wohl ein paar Wochen hier bleiben." Edna wollte Moritz streicheln, zog ihre Hand dann aber zurück. „Die Bergheimer hat mir noch ein paar Bögen zum Ausfüllen gegeben."

„Der übliche Persönlichkeitstest. Papierkram eben. Das geht recht schnell."

Edna nickte und betrachtete ihren vernarbten Arm. „Die Bergheimer wollte sogar wissen ob ich vorhabe mich umzubringen." Sie lachte kurz auf, doch es war ein gequältes Lachen.

„Hast du es denn?" Markus stellte diese Frage lächelnd, doch es war Edna schnell klar, dass er es ernst meinte.

„Nein, natürlich nicht." Sie sah ihn an. „Aber mich würde interessieren was du sagen würdest, hätte ich mit ja geantwortet."

Wieder lächelte Markus. Es war das Lächeln eines weisen Vaters. „Jeder hat das Recht über das Ende seines Lebens selbst bestimmen zu dürfen. Zumindest solange diese Entscheidung durchdacht ist. Manche Gründe akzeptiere ich, manche nicht, doch zumindest weiß ich sie zu tolerieren. Doch meine Meinung ist von wenig Belang. Ich bin kein Richter."

Edna lachte auf und der Zynismus ihrer Stimme war kaum zu ignorieren. „Psychiater sind welche."

Markus schüttelte seinen Kopf ohne seinen Blick von nichts abzuwenden. „Nein. Sie halten sich manchmal für Richter, aber nur weil sie unsereins nicht zu verstehen vermögen. Würden sie unsere Gefühlswelt verstehen und nachfühlen können, so gäbe es viele Psychiater nicht mehr. Sie wären Patienten."

„Ja, das sagtest du bereits. Dann würden die Angeklagten über die Richter urteilen. Welche Ironie."

Markus nickte. „Das ist das Problem mit den Therapeuten. Wenn sie die Gefühle unsereins nachempfinden würden weil sie das gleiche fühlen, dann würde sie das genauso zerstören wie uns."

„Was erklärt warum mein Psychiater so kalt und distanziert wirkt." Edna seufzte. „Manchmal meine ich, ihn interessiert das was ich erzähle nicht wirklich."

„Doch das tut es, nur ist die Sichtweise eine andere. Es gibt nur wenige Fälle, bei denen eigene Erfahrung und Schulwissen so heftig aufeinander prallen. Und mit so vielen verschiedenen Motiven." Markus sah kurz zum Fenster hinaus und wandte sich dann wieder seiner Gesprächspartnerin zu. „Wir alle arbeiten an unseren Gefühlen, wir selbst und die Therapeuten, nur tun wir dies mitunter auf verschiedene Weisen, ob nun bewusst oder unbewusst."

Edna lächelte. „Ich sehe du hast schon einige Erfahrung mit Therapeuten gemacht."

„Zumindest habe ich darüber nachgedacht."

„Was mich ein wenig stört ist dass man alles noch und noch mal erzählen muss." Edna lehnte sich gegen das Fensterbrett, doch achtete sie darauf Markus den Ausblick nicht zu versperren. „Einmal sollte doch reichen."

„Das tut es auch, wenn es die richtige Person ist, die zuhört." Markus strich beinahe sehnsüchtig über Moritz' Fell. „Egal ob es ein Freund oder Therapeut ist."

„Ja, das mag wohl stimmen." Edna sah Markus eindringlich an. Es war offensichtlich dass sie darüber nachdachte, ob er vielleicht eine solche Person war. Markus bemerkte Ednas Blick nicht. Oder er zeigte es nicht. „Ich würde wirklich allzu gerne deine Geschichte hören."

Markus lächelte. „Welche Geschichte?"

„Deine Lebensgeschichte." Edna sah noch immer auf Markus und im Licht der einfallenden Sonnenstrahlen wirkte er fast wie fünfzig. Er schüttelte leicht den Kopf.

„Nein. Es ist nicht der richtige Zeitpunkt und zu vieles ist vergessen. Erinnerungen sind so zerbrechlich. Ich weiß nur noch, dass Ereignisse geschehen sind, doch viele der Bilder im Geiste sind verblasst. Und der Rest ist verklärt." Markus Lächeln wirkte diesmal gequält und erzwungen. „Alles was bleibt sind die vergangenen Gefühle aus jener Zeit, und sie kehren immer dann zurück wenn man sie am wenigsten brauchen kann. Der Mensch erinnert sich nicht nur in Worten und Bildern, weißt du."

„Ja, ich weiß." Ednas Stimme glich der eines gescholtenen Kindes. Doch es waren nicht Markus' Worte, die sie betroffen machten, sondern ihre eigenen Erinnerungen. Markus fuhr fort.

„Ich habe viel gemacht und bin viel gewesen, immer auf der Suche nach Zugehörigkeit und Gleichgesinnten. Was ich suchte habe ich nie gefunden und alles, was zurückblieb sind zahllose unerfüllte Sehnsüchte. Dabei habe ich nur nach einer Heimat gesucht. Gutes entspringt meist aus einem Harmoniebedürfnis heraus, musst du wissen." Markus sah noch einmal zum Horizont und griff dann nach Moritz, der sich widerstandslos in den Arm nehmen ließ.

„Hast du auch einmal ein paar verrückte Sachen angestellt?" Edna hakte nach.

„So wie der Feldtest um mittels Stoppuhr herauszufinden wie lange die Boulette eines McDonald's Hamburger an der Unterseite eines Tisches kleben bleibt ehe sie zu Boden fällt? Meinst du so etwas?"

„So in der Art." Edna konnte sich das Grinsen nicht verkneifen. „Wie haben die anderen Gäste darauf reagiert?"

„Das weiß ich nicht, ich habe nicht darauf geachtet. Es war mir auch egal. Ich bin geisteskrank und ich bin ein Künstler. Ich darf das!" Markus lächelte Edna an.

„Eine gute Einstellung." Edna lachte. „Gefällt mir. Muss ich mir merken."

Markus nickte. „Lass uns essen gehen!"

Zusammen verließen sie die Nische und machten sich auf den Weg. Noch bevor sie den Speiseraum erreicht hatten stellte Edna eine letzte Frage.

„Und? Wie lange ist sie kleben geblieben?"

„Im Durchschnitt so etwa fünf Komma drei Sekunden."

„Im Durchschnitt?"

„Ein Feldversuch beinhaltet immer mehrere Versuchsobjekte. Zugegeben, es war ein etwas teurer Restaurantbesuch mit sehr abruptem Ende," meinte Markus noch als er den Speiseraum betrat. Diesmal waren sie die letzten und Renate sah sie bereits ungeduldig an. Die beiden nahmen sich Teller und holten sich bei der Schwester am Küchenwagen ihre Portion Gulasch mit Paprikareis ab ehe sie sich setzten. Olivia

81

saß verloren vor einer Portion Reis und einem Klecks Soße. Edna grinste. Irgendwie tat ihr Olivia leid. Christian hingegen schaufelte sein Essen von einer Seite des Tellers auf die andere ohne auch nur einmal den Löffel zum Mund zu führen. Er verzog keine Miene und beteiligte sich mit keinem Wort an dem nun folgenden Gespräch. Er war stiller als selbst Stefan. Nur gelegentlich sah er seitwärts, wirkte dann aber gehetzt wie ein Tier auf der Flucht. Irgend jemand musste ihm heute schon zu nahe getreten sein. Oder aber es war schlimmer wie üblich. Markus ignorierte ihn so gut wie möglich und auch Edna ging ihm aus dem Weg. Selbst Schwester Elena behielt ihn im Auge.

Nach dem Essen ging wieder jeder seines Weges. Das Wochenende lag zum Greifen nahe. Es gab nur noch eine Therapie am Nachmittag. Markus beschloss ein wenig schwimmen zu gehen. Michael und Thomas hatten sich bereits in die Küche zurückgezogen und stapelten das Geschirr in den Geschirrspüler. Nur Markus und Christian waren noch im Speiseraum zurückgeblieben. Markus sah zum Fenster hinaus und hatte sich seinen Gedanken hingegeben während Christian zu grübeln oder zu hadern schien. Schließlich wandte sich Markus vom Fenster ab. Der Raucherraum lockte ihn. Und während er an Christian vorbei ging und dabei seine Zigarettenschachtel aus seiner Hosentasche zerrte, stieß er an Christians Stuhl, dem prompt Moritz in den Schoß fiel. Blitzartig stand Christian auf, warf den Plüschhund kraftvoll quer durch den Raum, packte Markus an den Schulter und stieß ihn von sich. Markus spürte noch wie er über einen Stuhl fiel und mit Rücken und Kopf auf dem Boden aufschlug. Dann wurde es dunkel.

Zweites Kapitel

Markus erwachte.

Langsam öffnete er die Augen. Er lag in einem Zimmer eines Krankenhauses, doch es war nicht die psychiatrische Klinik. Es schien die gewöhnliche Station eines Allgemeinkrankenhaus und keine Intensivstation. Er richtete sich auf. Ein stechender Schmerz bohrte sich durch seine linke Schulter und für einen Moment schien sein Magen zu rebellieren, doch die Übelkeit schwand rasch und ließ nur ein flaues Gefühl zurück. Die Unordnung auf dem Bett neben ihm zeigte, dass er nicht alleine im Zimmer war, allerdings schien sein Bettnachbar momentan unterwegs zu sein. Markus sah zum Fenster hinaus. Draußen schien die Sonne und trotz des geschlossenen Fenster konnte man die Vögel singen hören. Er versuchte sich zu erinnern. Er wusste nicht mehr was geschehen war, er wusste nur, dass er nicht hier sein sollte. Er stützte sich mit seiner Hand auf dem Bett ab und spürte etwas plüschiges neben sich. Er sah nach links und entdeckte Moritz, der ihn mit großen Knopfaugen ansah. Und für einen Moment fragte sich Markus, was das Plüschtier hier zu suchen hatte.

Plötzlich öffnete sich die Tür und Jeanine trat herein. Sie hielt kurz inne, lächelte und ging schnellen Schrittes auf Markus' Bett zu. Nur wenige Augenblicke später saß sie neben ihm auf der Bettkante.

„Du bist ja wach," stellte sie fest und griff nach seiner rechten Hand. Er versuchte ebenfalls zu lächeln, wirkte dabei jedoch reichlich hilflos. Sein Gedächtnis war noch nicht zurückgekehrt. Alles, was nach dem Mittagessen in der Psychiatrie geschehen war, war seiner Erinnerung entglitten. Jeanines Gesichtszüge wurden ernster. Sie schien besorgt.

„Du kannst dich nicht erinnern, nicht wahr?" Zärtlich drückte sie seine Hand.

Markus schüttelte leicht den Kopf. „Wie lange bin ich schon hier?"

„Seit gestern Mittag. Du hast eine Gehirnerschütterung."

„Was ist passiert?"

„Du.." Jeanine überlegte kurz. „...bist gestürzt und mit dem Kopf aufgeschlagen."

„Das erklärt einiges. Gestern Mittag..." Markus überlegte kurz. Ich erinnere mich noch dass es Gulasch gab." Er stellte das Kopfteil des Bettes hoch wobei Jeanine ihm half. Er lehnte sich zurück und entspannte sich. Nun ließ auch der Schmerz in der Schulter nach. „Seit wann bist du hier?"

„Seit etwa zwei Stunden. Die Ärzte meinten du müsstest jeden Moment aufwachen. Und wie es aussieht hatten sie recht. Wie fühlst du dich?"

„Mir ist ein wenig schwindelig und meine Schulter..." Markus hielt kurz inne und sah neben sich. Dann nahm er Moritz in die Hand und sah ihn sowohl eindringlich als auch irritiert an ehe er ihn auf dem Nachttisch abstellte. Jeanine folgte seiner Bewegung mit einem Ausdruck der Überraschung. Schließlich wandte sich Markus wieder seiner Besucherin zu. „Ansonsten geht es mir gut." Er lächelte, doch es war ein erzwungenes Lächeln. Markus machte den Eindruck als wüsste er nicht ob er lachen oder weinen sollte. Er fühlte sich hier fremd und trotz Jeanines Anwesenheit einsam und alleine.

„Ist wirklich alles in Ordnung? Du wirkst etwas verwirrt." Jeanine streichelte seine Hand und Markus nickte.

„Nach einer Gehirnerschütterung ist das wohl auch nicht

erstaunlich."

„Du hast natürlich recht. Ich habe mir nur solche Sorgen gemacht als die Klinik angerufen hat." Jeanine atmete tief durch und sah Markus an. Neben seinem Bruder hatte Markus sie als Ansprechpartner bei Notfällen genannt.

„Hast du bereits mit dem Arzt gesprochen?" fragte Markus als er sanft den Druck ihrer Hand erwiderte. Trotz allem war er glücklich dass sie hier war. Die fremde Umgebung erdrückte ihn beinahe und für einen Moment wünschte er sich in die psychiatrische Station oder sein Wohnheim zurück. Doch eine Stimme tief in seinem Inneren wünschte sich auch von diesen so vertrauten Orten fort. Irritiert schloss er für einen Augenblick die Augen.

„Er meinte dass du etwa fünf Tage hier bleiben würdest. Sobald es dir etwas besser geht wollte auch einer der Therapeuten aus der Psychiatrie hier vorbei kommen."

Markus grinste. „Vermutlich Herr Ganzenhauer." Er seufzte. Es war zumindest etwas Abwechslung. Allgemeinkrankenhäuser hatte er noch nie gemocht, vor allem wegen der drückenden Langeweile. In der Psychiatrie war wenigstens etwas los.

Die Tür öffnete und ein Mann um die sechzig trat ein. Er zog den Stoffgürtel seines Morgenmantels etwas enger und musterte Markus für einen Augenblick eindringlich ehe er ihn und Jeanine grüßte. Schließlich zog er sich in das kleine Badezimmer zurück. Markus schenkte ihm nur wenig Beachtung. Er erhob sich und öffnete die Schublade seines Nachttisches. Sie war leer.

„Kannst du mir ein paar Sachen besorgen?" Markus ließ sich wieder in sein Bett fallen.

„Sag mir einfach was du brauchst!" Jeanine besaß einen Schlüssel zu seinem Zimmer im Wohnheim.

„Es sind nur ein paar Kleinigkeiten." Mittlerweile kam Markus' Zimmernachbar aus dem Bad zurück, legte sich in sein Bett und begann in einer Illustrierten zu lesen. Dennoch blickte er mehrfach zu den beiden hinüber. Offensichtlich hatte er einiges des Gesprächs mitgehört. Markus störte sich nicht daran, obgleich er sich nicht wirklich wohl fühlte. In seinem Wohnheim oder den psychiatrischen Einrichtungen lebte er von der Außenwelt nahezu abgeschirmt und er war froh darüber. Nun befand er sich mitten in dieser Außenwelt. Zwar kannte er sie und konnte sich auch in ihr bewegen, doch wohl fühlte er sich dabei nicht. Eigenartigerweise strahlte sie an diesem Tag aber auch eine seltsame Anziehungskraft aus, einen Reiz, den er zuvor nicht gekannt hatte. Markus ließ seinen Blick durch das gekippte Fenster schweifen. Einige Wolken zogen am Himmel vorbei und die Sonne stand hoch am Himmel. Es musste bereits Mittag sein.

„Markus?" Jeanine rieb sanft seine Hand, die sie nun seit fast einer halben Stunde nicht mehr losgelassen hatte. Beinahe erschrocken wandte er sich ihr zu.

„Entschuldige... ich war ein wenig in Gedanken."

„Das weiß ich doch." Jeanine hatte sich längst daran gewöhnt dass Markus' Gedanken so leicht festzuhalten waren wie eine Schwalbe bei heraufziehendem Gewitter.

„Wo waren wir stehen geblieben..." Markus dachte nach.

„Ach ja, die Sachen die ich brauche." In rascher Folge zählte er einige Dinge auf, hauptsächlich Kleidung, Hygieneartikel und einige Bücher. Auf die Schreibmaschine verzichtete er, denn benutzen konnte er sie hier nicht. Es war einer der Gründe, weshalb er diese Art von Klinik so sehr verabscheute. Jeanine sah indes auf die Uhr.

„Ich muss noch in die Innenstadt. Ich komme heute Abend noch einmal vorbei und bringe dir dann deine Sachen." Jeanine lächelte als sie Markus' Hand losließ.

Markus nickte. „Dann bis heute Abend!"

Jeanine winkte ihm noch einmal zu, dann hatte sie das Zimmer verlassen. Noch eine ganze Weile starrte er auf die Tür, während sein Nachbar in seiner Illustrierten las. Schließlich lehnte er sich zurück und atmete tief durch. Er versuchte sich noch einmal zu erinnern, doch so sehr er sich auch anstrengte, die Geschehnisse nach dem Mittagsessen vom Vortag blieben hinter dem Schleier des Vergessens verborgen. Dann fiel ihm Christians Verhalten wieder ein und er beschloss Jeanine noch einmal zu fragen. Wieder sah er zum Fenster hinaus und sein Blick streifte kurz Moritz, jenen plüschigen Begleiter, der ihn all die Jahre treu begleitet hatte. Nun saß er auf dem Nachttisch und sah Markus mit seinen schwarzen Knopfaugen an. Moritz war inzwischen fünfzehn Jahre alt und mehrfach repariert worden. Er war einst in der Ergotherapie einer Klinik nahe seiner Geburtsstadt entstanden. Die Tatsache, dass nur ein Schnittmuster für einen Eisbären und blauer Plüsch vorhanden war, hatte ihm seine rundliche Gestalt und ungewöhnliche Farbe gegeben. Ein einzigartiges Stofftier. Markus lächelte. Er dachte an all die Dinge, die er im Laufe der Jahre für den Plüschhund hergestellt hatte: Futter- und Wassernäpfe, einen Weidenkorb zum Schlafen und sogar eine Decke. Für einen Moment erschien ihm die Hingabe an Moritz albern, etwas, das eher eines fünfjährigen Kindes ziemte als einem Mann Mitte dreißig. Und diese Erkenntnis erschreckte ihn, denn er hatte dergleichen nie an sich beobachtet. Er nahm Moritz, öffnete die Schublade des Nachttisches und stopfte das Tier hinein. Er konnte seinen Anblick nicht mehr ertragen. Seufzend legte er sich wieder auf das Bett. Er dachte wieder Edna, Michael, Renate und die anderen. Obgleich er sie vermisste hatte er dennoch nicht das Bedürfnis in die Psychiatrie zurück zu kehren. Hier wollte er aber ebenso wenig sein. Und so fühlte er sich gefangen in einem Niemandsland, entwurzelt, heimatlos und einsam. Markus schloss seine Augen so fest er konnte und öffnete sie wieder. Er hatte eine Gehirnerschütterung und so fiel es ihm leicht seine Verwirrung den Folgen des Unfalls zuzuschreiben. Er war müde und spürte einen leichten Schwindel.

Markus' Zimmergenosse legte seine Illustrierte schließlich zur Seite und begann ein wenig Smalltalk. Sie sprachen über das Wetter und ihre Krankheiten und es stellte sich heraus dass Markus Nachbar Werner hieß, als Buchhalter in einer mittelständischen Firma arbeitete, die hauptsächlich Schrauben herstellte, und wegen einer Magenoperation hier lag, alles Dinge, die Markus herzlich wenig interessierten. Dennoch genoss er das Gefühl des Normalseins, des Agierens in einer Welt, die ebenso wenig von seiner wusste wie er von ihr wissen wollte. Markus, der Werner nicht wissen lassen wollte wer er wirklich war, gab sich als Therapeut eben jener Klinik aus, in der er gestern noch als Patient gewesen war. Es war natürlich eine Lüge und Markus erschrak über sein eigenes Verhalten, hatte er es doch stets vorgezogen die Wahrheit oder gar nichts zu sagen. In seinem bisherigen Umfeld war Lügen auch nie nötig gewesen. Doch das war nun anders, er hatte aus purer Bequemlichkeit die Unwahrheit gesagt. Markus verlor rasch das Interesse am Gespräch und entschuldigte sich mit seiner Gehirnerschütterung. Er hatte jede Lust verloren über sich oder seine Situation nachzudenken. So zog er seine Decke über seine Brust, döste und wartete auf Jeanine.

Doch nicht sie betrat das Zimmer, sondern die Krankenschwester, die ihm eine Flasche Mineralwasser und eine Tasse frischen Tee brachte. Als er sie nach seinem Zustand fragte verwies sie lediglich auf die Visite am nächsten Morgen. Sie mahnte Markus lediglich das Bett möglichst wenig zu verlassen. Die Schwester war sehr freundlich so dass Markus annahm, dass sie ihn kannte, woher auch immer. Er konnte sich nicht vorstellen, dass sie zu seiner Leserschaft gehörte. Doch es war ihm gleichgültig. Er wartete nur auf seine Freundin, die um kurz nach fünf Uhr eintraf.

Jeanine betrat mit zwei vollen Reisetaschen das Krankenzimmer. Werner machte um diese Zeit seinen täglichen Spaziergang, wie Markus vorhin von ihm erfahren hatte, und so waren Jeanine und Markus alleine. Sie stellte die Taschen neben dem Nachttisch ab und zog sich einen der Stühle heran, die für die Besucher an der gegenüberliegenden Wand bereit standen. Danach begrüßte sie Markus mit dem obligatorischen Wangenkuss. Markus setzte sich auf und schlug die Decke ein wenig zurück ohne jedoch das Bett zu verlassen.

„Geht es dir besser?" fragte Jeanin, wuchtete eine Tasche auf den Stuhl und begann sie zu leeren.

Markus lächelte. „Eigentlich ganz gut. Ich bin nur etwas müde und durcheinander."

„Das gibt sich mit der Zeit. Wo soll ich Handtücher, Zahnbürste und Rasierapparat hinlegen?" Jeanine sah sich um, entdeckte die Badenische mit Dusche und noch ehe Markus antworten konnte hielt sie mit schnellem

Schritt auf diese zu. Nur wenige Augenblicke kehrte sie ans Bett zurück. „Du wirst sehen, in einer Woche ist alles wieder so als sei nichts geschehen."

Markus hätte ihr nur allzu gerne zugestimmt. Er ertappte sich dabei wie er sich mit der rechten Hand über den Kopf fuhr und eine Beule ertastete. Er fühlte sich eigenartig und er konnte nur hoffen, dass er wieder der alte würde. Sicher war er sich nicht. Aber das war gar nichts an diesem Tag.

„Wo ist eigentlich Moritz?" fragte Jeanine und hielt inne, einen Schlafanzug im Arm.

„Ich habe ihn weggeräumt." Markus' Antwort war knapp. Jeanine zog beide Augenbrauen hoch und sah ihn beinahe ungläubig an.

„Seit wann räumst du Moritz weg?" Sie sah sich um. „Hast du einen Schrank hier?"

„Schrank... hm..." Markus hatte sich in seinem Zimmer noch nicht wirklich umgesehen. Er wollte gerade antworten als Jeanine wieder schneller war.

„Ach ja, dort drüben." Jeanine nahm noch etwas Unterwäsche aus der Tasche und wandte sich der Badeecke zu. Zwischen dieser und der angrenzenden Wand standen gut getarnt die Schränke. Rasch begann sie Markus' Wäsche einzuräumen. Markus sah zu seinem Nachttisch hinüber und betrachtete die Schublade. Für einen Moment dachte er daran den Plüschhund wieder hervor zu holen, entschied sich aber dagegen. Er wollte nicht, dass Werner ihn sieht. Markus wusste, dass psychisch Kranke nicht unbedingt den besten Ruf genossen und manche Teile der Bevölkerung lieber Abstand zu ihnen hielten. Auch wenn diese Tatsache zumeist auf Unkenntnis beruhte, so wollte Markus nichts herausfordern. Die Menschen wussten einfach nicht wie

90

sie mit seelisch Kranken umzugehen hatten. Jeanine indes hatte seine Kleidung im Schrank verstaut und setzte sich nun neben Markus Bett. Sie nahm noch zwei Bücher aus der letzten Tasche, legte sie auf den Nachttisch und griff dann nach Markus Hand. Ihr Lächeln war so herzerwärmend und verführerisch wie immer.

„Ich soll dich von den Krankenschwestern und den Patienten schön grüßen." Jeanine ließ ihre Finger sanft über Markus Handrücken gleiten. „Insbesondere von Renate, Michael, Erna und... Entschuldige, ich habe mir die Namen nicht alle gemerkt."

„Edna," korrigierte Markus. „War Christian auch da?" Er beschrieb ihr Christian, doch Jeanine schüttelte den Kopf. „Nein, ihn habe ich nicht gesehen."

Markus nickte. Seine Stimme wurde ernst als er fortfuhr. „Er ist der Grund weshalb ich hier bin, nicht wahr? Bitte sei ehrlich!"

Jeanine atmete tief durch. „Du erinnerst dich wieder."

„Nein," Markus schüttelte kaum merklich den Kopf, „Das nicht. Aber es ist der einzig logische Schluss aus den noch vorhandenen Erinnerungen."

Wieder wirkte Jeanine überrascht. Markus war natürlich mit Logik vertraut, doch hatte er sie nur selten ernst genommen und sich noch seltener auf sie verlassen. Er war ein intuitiver und impulsiver Mensch. „Ich wollte es dir nicht sagen weil du vielleicht..."

Markus drückte zärtlich Jeanins Hand. „Das weiß ich doch. Und ich kann es auch verstehen, aber ich würde es dennoch gerne wissen. Ich bin Christian auch nicht böse, sollte er mich hier ins Krankenhaus..." Markus lächelte als er nach dem passenden Wort suchte. „Nun ja... geprügelt haben. Ich kenne ihn schließlich schon eine Weile."

„Du hast recht. Es war Christian. Er hatte eine Art Anfall und dabei hat er dich umgestoßen. Du bist unglücklich mit dem Kopf aufgeschlagen." Jeanine sah Markus beinahe schon traurig an, doch dieser zeigte keine Spur von Groll.

„Dann wird der Ärmste jetzt in der geschlossenen Abteilung sein." Markus seufzte und griff nach seiner Wasserflasche. Er verzog kurz das Gesicht wegen der Schmerzen in seiner Schulter. „Er tut mir leid, denn mit Absicht hat er das bestimmt nicht gemacht. Er hatte eben einen schlechten Tag. Schade dass ich nicht mehr mit ihm sprechen kann."

„Du könntest ihn ja besuchen wenn du hier raus bist."

„Das ist nicht ganz so einfach." Markus nahm einen Schluck aus der schweren Glasflasche. „Meist haben nur Angehörige Zutritt zur geschlossenen. Und mich als Opfer wird man schon gar nicht zu ihm lassen. Man will vermutlich nicht dass es zu neuen Konflikten kommt. Später, wenn er wieder auf der normalen Station ist geht das vielleicht, aber das kann einige Zeit dauern. Außerdem muss ich hier erst einmal raus sein."

Jeanine lachte. Sie wusste um Markus Einstellung gegenüber Allgemeinkrankenhäusern. Sie konnte sich noch gut daran erinnern als er zuletzt vor vier Jahren wegen eines komplizierten Schienenbeinbruches für drei Wochen quengelnd in der Chirurgie gelegen hatte. Die Oberschwester hatte bereits scherzhaft gedroht ihn auf die Kinderabteilung verlegen zu lassen. Doch so lange würde es dieses mal zum Glück nicht dauern. Die beiden unterhielten sich noch fast bis in den Abend hinein. Erst als das Abendessen serviert und die Krankenschwestern Jeanine darauf aufmerksam machten, dass die Besuchszeit vorüber war, wurde verabschiedete sie sich.

Sie versprach aber ihn morgen Mittag zu besuchen. Markus sah zusammen mit Werner noch ein wenig fern, denn es gab nur einen Fernseher im Raum. Es war eher ungewollt, denn Werner war es, der den Krimi sehen wollte. Markus hielt nicht viel von Krimis und so drehte er sich zur Seite und schloss die Augen. Und noch bevor der Bösewicht ermittelt war schlief er ein. Ob der Gärtner der Mörder war sollte Markus niemals erfahren.

Den folgenden Sonntag verbrachte Markus hauptsächlich damit auf Jeanine zu warten.

Viel aß er nicht zum Frühstück und auch die Unterhaltung mit seinem Zimmergenossen fiel kurz aus. Die Visite dauerte ebenfalls nicht lange und bestätigte die Diagnose, die ihm Jeanine bereits genannt hatte: eine mittlere Gehirnerschütterung und eine Prellung an der linken Schulter. Am kommenden Freitag sollte Markus entlassen werden. Vom Stationsarzt erfuhr er dass Herr Ganzenhauer seinen Besuch für den Dienstag angekündigt hatte und am Montag noch einige Untersuchungen folgen sollten. Markus blieb die meiste Zeit im Bett, nur am späten Vormittag duschte er. Ansonsten schlief oder döste er. Zwar hatte er sich noch einige Gedanken über sein neues Buch gemacht, doch es hatte ihn zu sehr angestrengt. Moritz war in der Schublade geblieben, Markus hatte ihn nicht ein einziges mal angesehen an diesem Vormittag.

Er war gerade beim Mittagessen als Jeanine pünktlich um zwölf Uhr das Zimmer betrat. Markus schob sein etwas fades Gemüse beiseite und begrüßte Jeanine freudig, bildete sie doch die einzige Abwechslung an diesem für ihn trostlosen Ort. Sie blieb bis zum Abend, ging mit Markus sogar durch die Gänge obgleich die Krankenschwestern ihn zur Bettruhe ermahnt hatten. Markus fühlte sich gut an diesem Tag, auch wenn er eine gewisse Benommenheit nicht leugnen konnte. Allerdings vermied er es auch, über allzu viel nachzudenken. Es war bereits später Nachmittag als Jeanine wieder ging und Markus ließ geduldig eine Hitparade der Schlagermusik im Fernsehen über sich ergehen ehe er einschlief. Auf eine Schlaftablette verzichtete er.

Auch die nächsten Tage verliefen ruhig. Nach den

Untersuchungen am Vormittag bestellte Markus ein Telefon an sein Bett, etwas, dass er noch nie zuvor getan hatte. Jeanine würde an diesem Tag nicht kommen, denn sie musste arbeiten und bekam noch Besuch am Abend. So rief Markus sie in ihrer Mittagspause an. Seine Tabletten aus der Psychiatrie verschwanden in der Schublade des Nachttisches, wo sie sich um Moritz herum verteilten. Er wollte keine Tabletten mehr nehmen. Markus las noch ein wenig, unterhielt sich mit der Schwester und gelegentlich auch mit Werner und wartete ab. Das Gespräch mit Herrn Ganzenhauer am folgenden Tag war kurz und es ging hauptsächlich um Markus' Aussage und um Versicherungsangelegenheiten. Zudem erfuhr er, dass er ein Einzelzimmer bekommen würde. Jeanine besuchte ihn in den kommenden Tagen noch zweimal, dann brachte sie Markus am Tag seiner Entlassung zurück in die psychiatrische Klinik.

Die Wiedersehensfreude war groß als Markus am Freitag Mittag dort eintraf. Pünktlich zum Mittagessen gesellte er sich wieder zu jenen Menschen, die er in den letzten Wochen so zu schätzen gelernt hatte. Und bis auf Christian, der tatsächlich in die geschlossene Abteilung verlegt worden war, waren alle noch da. Es gab sogar einen neuen Patienten, der Markus als Clemens Vollmann vorgestellt wurde. Küchendienst hatten Edna und Christian und da letzterer nicht mehr auf der Station war beschloss Markus spontan einzuspringen, worüber Edna sehr glücklich war. Sie freute sich Markus wieder um sich zu haben. Nach Mittagessen und Küchendienst kehrte Markus auf sein Zimmer zurück, wo er endlich Zeit hatte, seine Koffer auszupacken. Er hatte tatsächlich ein Einzelzimmer erhalten, das einzige der ganzen Station, und es lag direkt neben dem Aufenthaltsraum. Im

Grund war es wie die anderen Zimmer auch, allerdings gab es bei nur einem Bett wesentlich mehr Platz. Markus wuchtete den schweren Lederkoffer auf das Bett und begann seine Wäsche in den Schrank einzuräumen. Alles hier war vertraut und doch fühlte er sich nicht so wohl wie noch vor einer Woche. Er schwankte zwischen Unwohlsein, Geborgenheit und dem Gefühl des Deplaziertseins. Er konnte sich nicht entscheiden. Markus hatte gehofft, dass diese Gefühle mit dem Abklingen der Gehirnerschütterung verschwinden würden, doch dem war nicht so. Etwas hatte sich verändert, etwas in ihm. Plötzlich hielt er Moritz im Arm, der zwischen den Pullovern im Koffer geschlummert hatte. Markus hielt inne. Für eine Weile betrachtete er den blauen Plüschhund, der für so viele Jahre ein stets treuer Freund und Begleiter war. Nun schien er kaum mehr als ein lieb gewonnenes Erinnerungsstück zu sein. Zärtlich strich er mit seiner rechten Hand über dessen weichen Kopf. Mit dem Tier zu sprechen allerdings empfand er als kindisch und albern, auch wenn etwas in ihm die Konversation suchte. Markus atmete tief durch und stellte Moritz in den Schrank. Über der Unterwäsche und den Socken fand er seinen Platz und hatte ein Fach für sich alleine, einen Platz, der ihm gebührte. Doch von außen sichtbar wollte Markus ihn nicht mehr aufstellen. Nachdem der Koffer leer war wandte sich Markus der Reisetasche zu. Kaum hatte er den Reißverschluss geöffnet, klopfte es an der Tür.

„Herein!" Markus hob die Tasche auf das Bett als die Tür aufschwang.

„Hallo Markus. Schön dich wieder zu sehen." Renate blickte sich im Zimmer um während Markus die Schreibmaschine auf den Tisch wuchtete. Er lächelte als er zur Tasche zurückkehrte um einen Stapel Papier hervor zu kramen.

„Hallo Renate." Markus hielt kurz inne. „Schön wieder hier zu sein," meinte er dann ohne sicher zu sein, ob dies auch der Wahrheit entsprach.

„Ich soll Dir ausrichten dass du heute um zwei ein Einzelgespräch hast."

Markus legte den Papierstapel akkurat neben die Maschine und richtete ihn parallel zur Tischkante aus. Renate zog die Augenbrauen hoch. So viel Ordnung sah Markus gar nicht ähnlich.

„OK. Danke." Markus Antwort war knapp während er weiter seine Reisetasche auspackte. Renate sah ihm für kurze Zeit zu.

„Wo ist eigentlich Moritz?"

Markus blieb stehen, seinen College-Block und den Kugelschreiber in Händen. „Der steht im Schrank."

Renate nickte. „Dann sag ihm einen schönen Gruß wenn er ausgeschlafen hat!" Renate lächelte und verschwand wieder. Markus atmete erleichtert auf.

Das Gespräch mit Frau Bergheimer dauerte länger als üblich und auch länger als Markus angenommen hatte. Als er den Raum wieder verließ waren fast zwei Stunden vergangen. Die anderen Patienten gingen entweder spazieren oder hatten Besuch. Einige wenige waren sogar über das Wochenende nach Hause gefahren. Selbst der Raucherraum war leer. Markus genoss die Ruhe und seine beiden Zigaretten, auf die er im Allgemeinkrankenhaus hatte verzichten müssen. Anschließend beschloss er schwimmen zu gehen. Die anderen Patienten sah er erst zum Abendessen wieder.

Edna und Markus hatten den Tisch bereits gedeckt als die anderen Patienten eintrafen. Renate hatte sich sogar die

Mühe gemacht einen Geflügelsalat zuzubereiten, der reichlich Zuspruch fand. Olivia war nicht anwesend, sondern zuhause, so dass es diesmal keine Reibereien gab. Markus hatte sie stets ein wenig genossen, doch diesmal war er froh darüber, dass sie fehlte. Nach dem Essen zerstreuten sich die Patienten rasch, manche gingen noch schwimmen, andere spazieren oder sie spielten Tischtennis. Markus und Edna blieben alleine zurück und räumten die Tische ab. Selbst die Krankenschwester, die manchmal mithalfen, hatten sich in das Schwesternzimmer zurückgezogen.

„Du letzte Woche ganz schön was verpasst," meinte Edna als sie die Gewürzstreuer und die Senftube auf den kleinen Küchenwagen stellte. „Wo ist übrigens Moritz? Ich habe ihn den ganzen Tag schon nicht gesehen."

„Der ruht sich gerade etwas aus." Markus zeigte sich schlagfertig, ohne sich dabei jedoch wohl zu fühlen. Es erschien ihm wie Lügen. Er wechselte rasch das Thema. „Was habe ich denn verpasst?" Er ging zu den Tischen und begann die Teekannen einzusammeln.

„Die kommunikative Bewegung am Dienstag Nachmittag. Besser gesagt Olivia und Michael." Edna musste schon alleine bei dem Gedanken lachen. „Wir mussten uns im Sportraum eine kleine Wohnung oder ein Zimmer bauen aus den Sachen, die es dort halt gab, Matten, Kegel, Bälle, Bänke und dem ganzen Zeug eben."

Markus stellte die Kannen auf dem Wagen ab. „Ich kenne das Spiel." Er betonte das letzte Wort besonders, wohl wissend, dass es kein Spiel sondern eine Therapieeinheit war.

„Olivia hatte sich ihre Wohnung nach... wie sagte sie so schön... den Gesichtspunkten des Feng-Shui eingerichtet.

Michaels Zimmer dagegen war einfach nur chaotisch. Er hatte sich einfach eine Couch aus einer Matte gemacht und den Rest wahllos darum herum gestellt." Edna schob den Wagen in Richtung Küche und Markus folgte ihr mit den Kannen. „Dann mussten wir die Wohnungen tauschen und Olivia blieb am Schluss nichts anderes übrig als bei Michael einzuziehen und umgekehrt." Edna hielt an und lachte kurz. „Michael hat Olivias Wohnung sofort auseinander genommen, hat die Kegel, Pflanzen darstellen sollen, und den Medizinball, auf dem sie gesessen hatte, symbolisch zum Sperrmüll vor die Tür gestellt und sich erst einmal eine Minibar eingerichtet." In der Küche angekommen räumte Edna die Gewürzstreuer in die Schränke während Markus die Kannen leerte und spülte. Edna fuhr fort. „Da hättest du Olivia mal sehen sollen. Die ist richtig zur Furie geworden. Und wäre sie nicht aus Michael unbequemer Couch nicht mehr hoch gekommen, sie wäre glatt auf ihn losgegangen. Sie hätte alles so sorgfältig nach den fernöstlichen Gesichtspunkten eingerichtet und nun würde die... wie meinte sie noch." Edna überlegte kurz während Markus die wild in der Küche abgestellten Teller und Tassen zur Spüle brachte. „Ah ja... das Pickelgesicht von Michael alles kaputtmachen."

Markus hörte Edna zu, verzog jedoch keine Mine. „Nun ja, Pickel sind auch Gesichtspunkte, wenn auch nicht zwingend fernöstliche," erwiderte er trocken und Edna musste Lachen. Markus sah auf als er bemerkte dass ihm die Schadensfreude abhanden gekommen war. „Olivia und Michael sind eben grundverschieden. Da kommt es schon einmal zu Konflikten."

„Mal ehrlich, Olivia ist schon ein bisschen komisch."

„Olivia ist nicht komisch oder seltsam, sie ist einfach

anders. Leider kennen viele Menschen den Unterschied nicht." Markus stapelte die Teller auf die Spüle. Edna indes wusch den Lappen aus.

„Wahrscheinlich hast du recht. Es kommt wohl auf die Betrachtungsweise an."

„Viele Menschen betrachten andere als komisch und gehen ihnen aus dem Weg, einfach weil sie sich nie mit ihnen befasst haben."

Edna seufzte als sie den Lappen auswrang und zusammenfaltete. „Wie wahr. Selbst meine eigene Mutter versteht mich ja nicht. Ständig macht sie sich Sorgen, auch und gerade dann wenn es am wenigsten nötig wäre." Seufzend hängte sie den Lappen über den Wasserhahn.

Markus öffnete derweil den Geschirrspüler. „So sind Mütter eben. Man kann es ihnen nicht übel nehmen."

„Was ist mit deinen Eltern?" Edna lehnte sich rücklings gegen die Spüle.

Markus blickte kurz auf ohne Edna dabei anzusehen. „Sie starben als ich noch ein Kind war."

„Das tut mir leid."

Markus zuckte mit den Schultern. „Ist schon sehr lange her. Ich kann mich kaum an sie erinnern."

„Hast du sonst noch Verwandte?" Edna half Markus nun beim Einräumen des Geschirrspülers.

„Nur wenige. Ich habe noch einen Bruder nebst Schwägerin und einen Onkel. Zu letzterem habe ich aber schon lange keinen Kontakt mehr." Markus ließ den letzten Löffel in den Besteckkorb fallen. „So das wär's."

„Ich habe eine recht große Verwandtschaft." Edna hatte mittlerweile das Pulver geholt. „Weißt du wie viel davon da rein gehört." Sie lächelte verlegen.

„Zwei Messlöffel!" Markus wartete bis das Pulver

eingefüllt war und schloss dann die Maschine. „Manchmal habe ich mir auch eine große Verwandtschaft gewünscht, aber meine ist gut so wie sie ist." Er drehte noch einige Knöpfe und drückte auf Start. Mit dem rauschenden Geräusch von einfließendem Wasser nahm die Maschine ihre Arbeit auf.

„Fühlst du dich da nicht einsam?"

„Keineswegs. Was mir an Verwandten fehlt mache ich durch Freunde wett und Freunde..." Markus betonte das Wort ganz besonders. „...kann man sich aussuchen."

Edna lachte. „...und die Verwandtschaft muss man nehmen wie sie kommt. Ein bisschen beneide ich dich schon. Außerdem hast du ja noch Moritz." Bei der Erwähnung des Namen seines Plüschhundes wirkte Markus' Lächeln plötzlich unsicher und gequält, was Edna aber nicht bemerkte.

„So, ich werde jetzt mit Renate ein wenig um die Ecken ziehen. Wir haben für heute Abend ja Ausgang eingetragen." Edna rieb sich demonstrativ die Hände. „Hast du heute noch was vor?"

Markus schüttelte den Kopf. „Eigentlich nichts konkretes. Vielleicht schau ich noch etwas fern oder schreibe an meinem Buch weiter." Und wieder log Markus, denn vom fernsehen hielt er nichts. Doch er wollte das Thema einfach vom Tisch haben.

Edna nickt mit dem Kopf. „Dann sehen wir uns spätestens morgen früh!"

„Dann bis morgen!"

Edna verließ die Küche und verschwand im Flur. Markus blieb noch in der Küche. Eine ganze Weile sah er zum Fenster hinaus, von wo aus er fast den ganzen Klinikpark überblicken konnte. Verwaist lag das Volleyballplatz vor ihm, ebenso leer wie der gesamte Park. Lediglich von der

Schwimmhalle drang etwas gedämpftes Licht zu den Bäumen und Büschen herüber, die allmählich im Zwielicht der Dämmerung verschwanden. Markus hatte sich die letzten Tage auf seine Rückkehr auf diese Station gefreut, doch nun schien sie ihm ebenso fremd wie an jenem Tag, an dem er das erste mal hier eingetroffen war. Selbst die Menschen hier waren ihm fremd geworden. Er fragte sich, ob er sich tatsächlich so sehr verändert hatte. Mit einem kaum sichtbaren Kopfschütteln schob er diesen Gedanken beiseite. Welche Veränderungen die Gehirnerschütterung auch in ihm ausgelöst hatte, sie waren vorübergehender Natur. Dessen war sich Markus sicher. Er wandte sich nach rechts und kehrte auf sein Zimmer zurück. Doch Ruhe fand er dort nicht. Die Muse zum Schreiben fehlte. Er nahm sich ein Buch, legte sich ins Bett und las bis zum einschlafen.

Ab Montag nahm Markus wieder an den gewohnten Therapien teil. Stefan hatte die Gruppe verlassen, statt dessen war Clemens neu dazu gestoßen. Markus zog sich etwas zurück, wirkte nicht mehr so introvertiert oder kindlich wie früher, sondern ausgeglichener und sachlicher, was auch den Therapeuten auffiel. Weitere Einzelgespräche folgten sowie auch einige Tests bis man entschied ihn am kommenden Freitag zu entlassen. Markus zeigte sich nicht sehr überrascht. Jeanine, die ihn seit Bekanntgabe der Entlassung fast täglich besuchte, nahm sich für die folgenden zwei Wochen Urlaub. Am Mittwoch Nachmittag, noch vor der Organisationsstunde, trafen sich Markus, Renate, Edna, Michael und Stefan im Raucherraum. Markus entdeckte sofort ein neues Zitat, das wohl am Vortag an einen der Spinde geklebt worden war. *Nichts beschleunigt die Genesung so sehr, wie regelmäßige Arztrechnungen (Alec Guiness).* Da die Plätze am Tisch bereits besetzt waren begab sich Markus zum Fenster. Mit einer raschen Handbewegung stellte er einen neuen Aschenbecher auf den Tisch. Edna runzelte die Stirn.

„Das ist doch der Futternapf, den du für Moritz in der Ergo gemacht hast," stellte sie fest.

Markus nickte, sprach aber nicht darüber. Dass er Moritz nicht mehr bei sich trug wie früher war jedem schon vor Tagen aufgefallen, doch keiner wagte etwas zu sagen. Am wenigstens Edna, die schon bald bemerkt hatte, dass es Markus unangenehm war darauf angesprochen zu werden.

„Und, wie fühlt man sich als geheilter?" fragte Michael und erntete von Edna und Renate kurze und böse Blicke. Markus verstand die Ironie in dieser Frage, konnte sie jedoch nicht nachvollziehen. Er zuckte mit den Schultern.

Er lächelte als er sich sich eine Zigarette aus der Schachtel zog.

„Geheilt wird hier niemand. Hier wird einem nur gelehrt mit seinen Fehlern und Eigenarten zu leben und sie zu kontrollieren."

Renate nickte ebenso stumm wie Edna.

„Und wie geht es jetzt weiter?" Die junge Punk-Dame lies sich die Haare an den Schläfen wieder wachsen, ihre Strähnen hatte sie jedoch noch, auch wenn das Pink zu einem Rosa verblasst war. Man sah ihr an dass sie Markus vermissen würde.

Markus zuckte mit den Schultern. „Das entscheidet sich wohl erst morgen. Langfristig habe ich noch keine Pläne."

„Freust du dich denn dass du raus kommst?" Edna konnte in Markus' Gesicht dessen Unentschlossenheit lesen. Dieser ließ sich mit seiner Antwort Zeit und zündete sich in aller Ruhe seine Zigarette an, während sich fast alle Blicke auf ihn richteten. Nur Stefan starrte auf den Tisch.

„Ja." Markus log, was ihm nicht behagte, aber er hatte nicht das Bedürfnis seine Pläne hier offen zu legen. Doch ein Teil von ihm freute sich tatsächlich die Klinik verlassen zu können, auch wenn seine Zukunft noch ungewiss war. Ein anderer Teil bedauerte er seinen Weggang. Zu viel Vertrautes ließ er zurück. Er fühlte sich verletzlich und heimatlos. Tief atmete er durch.

„Du kommst uns doch besuchen!" Renate blies den Rauch ihrer Zigarette der Decke entgegen. Markus lächelte.

„Aber natürlich."

„Na denn!" Renate zog ein kleines Päckchen unter dem Tisch hervor. „Wir haben etwas zusammengelegt, ein kleines Geschenk für den Abschied." Sie legte das

Päckchen auf den Tisch. In klarer Folie erkannte Markus ein kleines Marzipan-Glücksschwein, einen Kalender und ein kleines Glas für Teelichter. Vorsichtig nahm Markus es in die Hand. *Es sind die Begegnungen mit Menschen, die das Leben lebenswert machen,* stand auf dem Glas zu lesen. Markus war gerührt. Abschiedsgeschenke wie dieses waren auf der Station üblich wenn ein Patient entlassen wurde, dennoch betrachtete Markus dieses als etwas ganz besonderes. Denn es kam von Menschen, die er zu schätzen gelernt hatte. Selbst von Stefan, der teilnahmslos in die Runde blickte. Und für einen Moment glaubte Markus etwas wie Freude in seinen Augen blitzen zu sehen.

„Ich danke Euch." Markus Worte waren aufrichtig. Er drehte das Päckchen mehrfach in seinen Händen und betrachtete es von verschiedenen Seiten ehe er es auf den Tisch stellte und seine halb abgebrannte Zigarette wieder aus dem Aschenbecher nahm.

Die fünf rauchten ihre Zigaretten auf und sprachen noch ein wenig miteinander, dann kehrten sie in den Aufenthaltsraum zurück. Markus und Edna brachten noch Besteck, Geschirr sowie Kaffee und Kuchen aus der Küche und warteten, bis Schwester Martina eintraf.

Schweigend sah Markus der Organisationsrunde zu. Aufgaben musste er keine mehr übernehmen und so weilten seine Gedanken in der Zukunft. Er bekam nur mit, dass sich Edna für das Leeren der Aschenbecher und die Ordnung im Raucherraum einteilen ließ. In das Wohnheim, in dem er so viele Jahre verbracht hatte, wollte er nicht mehr zurück, zu eingeengt würde er sich jetzt dort fühlen. Ihn lockte die große, weite Welt, so bedrohlich sie ihm jetzt auch erscheinen mochte. Er träumte von einer kleinen Wohnung am Stadtrand. Geld für die Einrichtung hatte er genug, er musste nur mit seinem Bruder sprechen. Und Jeanine würde ihm sicherlich bei der Suche helfen. Morgen Abend würde sie ihn besuchen. Markus hoffte, dass sich dann auch sein Gefühlschaos endlich legen würde.

Beinahe lustlos aß er seinen Pflaumenkuchen und trank seinen Kaffee. Wer den Kuchen gebacken hatte wusste er nicht, doch er schmeckte gut. Nach der Organisationsstunde schloss sich das Schwimmen an, das Markus sehr genoss. Nach dem Abendessen und dem Küchendienst zog er sich auf sein Zimmer zurück und setzte sich an seine Schreibmaschine. Doch zu zerstreut waren seine Gedanken, als dass er sich auf sein neues Buch hätte konzentrieren können. So beschloss er noch ein wenig spazieren zu gehen und ging früh ins Bett. Den Kontakt zu den anderen Patienten hatte er an diesem Abend gemieden.

Der nächste Tag war bereits vom kommenden Abschied geprägt. Markus sprach noch mit den meisten Mitpatienten, insbesondere mit Edna, doch konnte er sich des Eindrucks nicht erwehren, dass sie sich seit seinem Unfall entfremdet hatten. In der Ergotherapie begann Markus noch einen kleinen Konfektkorb zu flechten, wohl wissend, dass er ihn nicht mehr vollenden würde. Er schenkte ihn Edna, die ihn fertigstellen wollte. Am Abend schließlich besuchte ihn Jeanine, die er an der Sitzgruppe am Telefon erwartete, denn es war nicht gestattet Besuch mit auf die Zimmer zu nehmen.

„Hi!" Jaenine küsste Markus auf die Wange und setzte sich neben ihn. Sie entdeckte rasch, dass Moritz nicht neben oder auf Markus saß, doch sie sagte nichts dazu. „Wie geht es dir?"

„Gut, jetzt wo du da bist," schmeichelte Markus.

Jeanine lachte. „Du alter Süßholzraspler. Hast du schon mit packen angefangen?"

„Nein, dafür habe ich morgen noch genug Zeit."

„Wann soll ich dich abholen kommen?"

Markus überlegte. „So gegen zwei Uhr. Hast du schon mit einem der Ärzte hier gesprochen?"

„Nein wieso?"

„Man betrachtet mich in gewissem Sinne als..." Markus hatte Mühe das Wort über seine Lippen zu bringen, „... geheilt. Fast zumindest."

Jeanins Gesicht zeigte einen Ausdruck der Überraschung. „Geheilt? Ich dachte das wäre bei dir nicht möglich." Sie atmete laut hörbar aus. „Ich meine, die Ärzte haben doch gesagt, dass..."

„Das ist jetzt unwichtig," unterbrach sie Markus. „Wichtig ist nur wie es jetzt weitergehen soll."

„Was meinst du damit?" Jeanine schien noch überraschter. „Ich dachte du gehst wieder ins Wohnheim zurück." Aber Markus schüttelte den Kopf.

„Nein, ich möchte eine eigene Wohnung, irgendwo am Stadtrand. Vielleicht mit Balkon." Er rieb sich unschlüssig die Hände als sei er sich nicht ganz sicher. „Hilfst du mir bei der Suche? Ich habe einfach nicht die Erfahrung bei so etwas."

Es dauerte einen Augenblick bis Jeanine antwortete. Dann ergriff sie seine Hand und lächelte. „Natürlich helfe ich dir. Das weißt du doch. Wir können auch zusammen suchen. Ich besorge heute Abend noch ein paar Zeitungen." Markus' Entscheidung schien sie zu freuen.

„Das wäre schön. Ich habe einfach lange genug im Wohnheim gelebt."

Die Stationstür wurde geöffnet und Edna trat in den Flur. Sie grüßt kurz lächelnd bevor sie in Richtung

Raucherraum verschwand.

„War das Edna, von der du mir neulich erzählt hast?"

Markus nickte. „Ja, das ist sie. Sie ist ein anständiger Kumpel. Ich meine dafür, dass sie eine Frau ist."

„He!" Jeanine knuffte ihn zärtlich.

Plötzlich klingelte das Telefon und Michael stürmte hinter einer Ecke hervor. Hastig griff er nach dem Telefonhörer.

„Hast du Lust auf einen Spaziergang?" fragte Markus, dem die Störung höchst unwillkommen war.

„Aber natürlich." Zusammen verließen sie die Station und schlenderten durch den Klinikpark. Markus berichtete Jeanine alles was sich die letzten Tage zugetragen hatte und auch wie er sich dabei gefühlt hatte. Er hatte Angst vor der Zukunft, war jedoch auch in freudiger Erwartung. Er hatte den Wunsch sein altes Leben hinter sich zu lassen und noch einmal neu zu beginnen. Er hatte nicht das Bedürfnis zurück zu sehen. Jeanine versprach ihn zu unterstützen wo sie konnte. Sie war auch bereit Markus bei sich aufzunehmen, falls die Mauern des Wohnheims zu eng für ihn würden. Markus zeigte sich erleichtert, auch in dem Wissen, dieses Angebot in Anspruch zu nehmen.

An den Therapien des nächsten Tages nahm Markus nicht mehr teil. Nach seinen Entlassungsgespräch begann er seine Koffer zu packen. Noch einmal nahm er Moritz dabei in die Hand. Lange betrachtete er seinen plüschigen Begleiter, wechselte ihn unschlüssig von Hand zu Hand. Er überlegte lange, ehe er ihn obenauf in die Reisetasche steckte. Dem Mittagessen folgte die Verabschiedung von den Patienten und dem Personal und am frühen Nachmittag holte ihn Jeanine ab. Für Markus war es eine Fahrt in eine neue Welt.

Die nächsten zwei Tage schlief Markus noch im Wohnheim, wo er das wichtigste packte um dann vorübergehend bei Jeanine einzuziehen. Zusammen mit Jeanine suchte er eine Wohnung für sich und schnell wurden beide fündig. Markus entschied sich für eine gemütliche Mansardenwohnung mit Dachterasse. Das finanzielle regelte sein Bruder Martin. Jeanine hatte für die nächsten zwei Wochen Urlaub bekommen und in dieser Zeit unternahmen beide viel miteinander. Sie gingen Einkaufen, ins Schwimmbad und ins Kino und erledigten die Formalitäten auf den Ämtern. Zu Beginn der zweiten Woche zog Markus in die neue Wohnung ein und zusammen mit Jeanin suchte er die Einrichtung aus. Auch in der nächsten Woche verbrachten die beiden die meiste Zeit miteinander. Markus war glücklich, obgleich die Welt, die ihm nun offen stand und die er bislang gemieden hatte, beängstigend und erdrückend auf ihn wirkte. Doch mit Jeanine an seiner Seite fühlte er sich frei und voller Tatendrang. Es gab so viel neues zu entdecken und auszuprobieren. In ihm herrschte Aufbruchstimmung. Er lernte das Leben neu kennen und fühlte sich wie ein Kind in einem Süßigkeitenladen, fühlte sich im Rausch seiner Sinne. Das Buch, an dem er gearbeitet hatte, blieb indes liegen. Markus hatte sich verändert und allmählich gestand er sich dies auch ein. Er war ruhiger, sachlicher und reifer geworden, seine Stimmungswechsel waren Vergangenheit. Sein Zimmer im Wohnheim hatte er inzwischen komplett leer geräumt. Nur ein Gegenstand war dort in einer Ecke liegend zurückgeblieben: Moritz.

Eines Morgens ging Markus nach dem Frühstück auf die Dachterasse hinaus. Wolken hingen tief am Himmel und drohten mit Regen, doch noch war es trocken und angenehm warm. Ein starker Wind wehte an den Gartenstühlen und dem Tisch, die hier standen. Es war typisches Aprilwetter. Er überlegte was er an diesem Tag tun sollte. Die letzten zwei Wochen hatte er alleine verbracht. Jeanine war wieder an ihrem Arbeitsplatz und hatte ihn nur gelegentlich Abends besucht, Abende, die Markus sehr genossen hatte. Am Abend würde er sie wieder sehen und er freute sich sehr darauf. Freunde hatte er hier noch nicht gefunden, nur lose Bekanntschaften, aber niemanden, auf den er sich verlassen konnte. Ihm fehlte die Offenheit und Freundlichkeit, die er aus den Kliniken oder dem Wohnheim kannte. Außerdem belastete ihn die Einsamkeit. Er war nie wirklich lange alleine gewesen, ständig waren andere Menschen um ihn herum gewesen, doch dies war nun Vergangenheit. Er war auf sich alleine gestellt und das war der Preis, den er für seine neue Freiheit bezahlen musste. Für den Donnerstag hatte sein Bruder eine Lesung für ihn arrangiert, die anlässlich der Neueröffnung der Filiale einer großen Buchhandelskette stattfinden sollte. Für Markus war es die erste Lesung in der Öffentlichkeit, denn bislang hatte er nur in kleinem, privatem Kreis aus seinen Büchern vorgetragen.

Markus kehrte in seine Wohnung zurück und setzte sich an seinen Schreibtisch. Er hatte ihn von einem Antiquitätenhändler gekauft und fügte sich gut in seine rustikal eingerichtete Wohnung. Er las noch einmal die letzten Zeilen auf dem eingespannten Bogen Papier und schrieb weiter. Doch er kam nur schleppend voran. Seine kindliche Kreativität, die der Motor seines Einfallsreichtums gewesen war, fehlte ihm jetzt. Und so quälte er sich von Satz zu Satz. Schließlich lehnte er sich zurück und lies seinen Blick durch das Wohnzimmer gleiten, das ihm zugleich auch als Arbeitszimmer diente. Der Raum wirkte durch die vielen Pflanzen sehr lebendig, wobei Markus eine Vorliebe für Bonsaibäume und Kakteen entwickelt hatte, doch auch ein Drachenbaum und eine Yukkapalme fanden sich hier wieder. Der Schrank war ebenso antik wie der Schreibtisch, lediglich das Bücheregal war modern, aber fast leer. Markus hatte die Eigenart einmal gelesene Bücher zu verschenken, so dass sich auf den Regalbrettern fast nur seine eigenen Werke befanden. Zwischen ihnen stand der Fernseher, den Markus seit dem Kauf noch nie eingeschaltet hatte. Seufzend stand er auf, ging in den Flur und griff nach seinem Mantel in der Hoffnung, dass ihn ein Spaziergang auf andere Gedanken bringen würde. Noch immer gab es viele Orte, die er noch nicht gesehen hatte und noch einige Museen harrten der Entdeckung.

Lange schlenderte er durch die Innenstadt, sah sich die Auslagen der Geschäfte an und bewunderte den großen Springbrunnen am Marktplatz. Das Schaufenster einer Fahrschule interessierte ihn besonders und Markus überlegte, ob er den Führerschein machen sollte. Er schlenderte weiter. Markus hielt sich eng an den Gebäuden. Der Gedanke, sich in den weiten des Marktplatzes zu verlieren erfüllte ihn mit tiefem Unbehagen. Große Plätze mied er daher. Er fühlte sich einsam. Unmengen von Menschen strömten an ihm vorbei, gingen ihren Geschäften oder dem Vergnügen nach. Markus kannte keinen von ihnen und wagte auch nicht, jemanden anzusprechen. Es war die Anonymität der Massen, die ihn ängstigte. Er war dergleichen nicht gewohnt. Zwar hatten er in den Kliniken oder dem Wohnheim öfters Ausflüge gemacht, doch war er dort doch stets in der Sicherheit der Gruppe gewesen. Nun war er alleine, eine für ihn ungewohnte Erfahrung. Dennoch zwang er sich zu bleiben. Er musste sich an dergleichen gewöhnen, wenn hier überleben wollte. Markus besuchte eines der Museen und besorgte sich das Theaterprogramm um sich ein wenig abzulenken, doch es half nur wenig. So kehrte er in seine Wohnung zurück und wartete auf den Abend, an dem er Jeanine wiedersehen würde.

Beide trafen sich in einem Café in der Innenstadt. Das Wetter hatte gebessert, die dichte Wolkendecke war aufgebrochen und die Sonne erreichte wieder den Boden. Sie saßen draußen, denn Markus wollte nicht, dass andere Cafébesucher mithören konnten.

„Wie fühlst du dich?" fragte Jeanine nachdem beide ihre Bestellung aufgegeben hatten. „Du siehst nicht gut aus."

„Nur ein paar Eingewöhnungsschwierigkeiten, das ist alles." Markus versuchte zu beschwichtigen, denn er wollte nicht, dass sich Jeanine Sorgen machte. Doch diese schüttelte kaum merklich den Kopf.

„Nein. Ich kenne dich mittlerweile zu gut um dir das zu glauben." Der Schatten des Sonnenschirms verlieh ihrem Gesicht einen beinahe düsteren Ausdruck. Markus seufzte. Er zögerte ehe er ihr berichtete wie es um ihn stand. Wieder hatte er die Wahrheit gemieden, wenn auch diesmal nicht um seinetwillen. Jeanine hörte aufmerksam zu, zeigte sich aber nicht überrascht.

„Hast du dich inzwischen nach einem Psychotherapeuten umgesehen?"

„Nein." Beim Entlassungsgespräch war ihm dringend angeraten worden eine ambulante Therapie zu beginnen. Er hatte es immer und immer wieder aufgeschoben.

„Warum nicht?"

„Ich habe einfach genug Ärzte in den vergangenen Jahren gesehen."

„Ich weiß." Jeanine ergriff Markus' Hand, wie sie es so gerne zu tun pflegte. „Aber du quälst dich sonst nur unnötig. Es ist eine große Umstellung für dich und ich kann nicht immer für dich da sein." Sie hielt kurz inne und in ihren Augen spiegelte sich die Sehnsucht wieder. „Du hast doch von den Ärzten in der Klinik einige Adressen bekommen."

Markus nickte. „Du hast natürlich recht. Ich bin momentan einfach nur durcheinander."

„Das verstehe ich doch. Es ist alles neu für dich, deswegen brauchst du jemanden, der dir hilft. Versuch es einfach!"

Inzwischen waren die Getränke gekommen, ein Milchkaffee für Jeanine und ein Cappuccino für Markus. Dieser holte seine Zigarettenschachtel hervor, zog eine der Glimmstängel hervor und zündete ihn an. Jeanine hatte recht. Für ihn war es ein Sprung ins kalte Wasser. gewesen, in ein sehr kaltes sogar. Er hatte es sich einfacher vorgestellt.

„Die ersten Wochen sind natürlich schwer, aber es wird bald besser. Glaub mir." Jeanine riss den der kleinen Beutel auf, schüttete den Zucker in den Kaffee und rührte um. „Freust du dich auf deine Lesung am Donnerstag?"

„Um ehrlich zu sein habe ich mir noch nicht allzu viele Gedanken darüber gemacht." Markus rührte lustlos in seinem Kaffee herum. „Aber ich weiß in etwa schon, woraus ich lesen werde."

„Bist du deswegen schon nervös?"

„Nein, nicht wirklich." Tatsächlich hatte sich Markus über die Lesung kaum Gedanken gemacht. Es waren noch drei Tage und der Donnerstag schien weit ihm unendlich entfernt. Dennoch baute sich bereits Angst in ihm auf. „Wie ist es dir in den letzten Tagen so ergangen?"

Jeanine nahm einen Schluck aus ihrer Tasse und begann zu erzählen. Markus hörte aufmerksam zu obgleich seine Gedanken des öfteren abschweiften. Aber er war froh nicht über sich sprechen zu müssen. Er beobachtete nebenbei die Menschen, die die idyllische Gasse neben dem Tischen entlang gingen. Sie allen gingen ihrem Alltag nach ohne damit Mühe zu haben schienen, während sich Markus damit so schwer tat. Allmählich setzte auch die Dämmerung ein tauchte und die mittelalterliche Gasse in ein bronzenes Licht.

„Markus?" Jeanine rüttelte seine Hand und er erschrak. „Ja? … Ähm … Ich..." Markus erkannte, dass er gerade einmal die Hälfte von dem verstanden hatte, was sie ihm erzählt hatte. Doch sie war nicht verärgert, sondern lachte. Sie kannte ihn schließlich sehr gut.

„Du bist mit deinen Gedanken mal wieder irgendwo." Sie leerte ihre Kaffeetasse. Markus' Tasse hingegen war noch fast voll.

„Ja, entschuldige bitte!"

„Du brauchst dich doch nicht zu entschuldigen." Jeanine winkte nach der Kellnerin, bei der sie eine neue Tasse Milchkaffee bestellte. Dann wandte sie sich wieder Markus zu. „Hast du irgendwelche Pläne für die weitere Zukunft? Ich meine dir steht ja jetzt praktisch alles offen."

Markus nahm einen kräftigen Schluck seines fast kalten Cappuccinos und griff nach einer weiteren Zigarette. „Viele Gedanken habe ich mir noch nicht darüber gemacht." Er lächelte etwas gezwungen. „Ich bin gerade dabei die Möglichkeiten zu entdecken. Was ich brauche sind mehr Freunde." Er hielt kurz inne, denn er wusste wovon er sprach. Er sehnte sich nach Gesellschaft. „Und vielleicht sollte ich den Führerschein machen."

Inzwischen traf Jeanins Bestellung ein. „Du könntest dich vielleicht auch sozial engagieren, eine ehrenamtliche Tätigkeit. Damit hättest du die Möglichkeit neue Kontakte zu gewinnen. Vielleicht sogar in deinem alten Wohnheim." Der Vorschlag stieß bei Markus auf gemischte Gefühle. Natürlich könnte er so Kontakte pflegen und das erschien ihm sehr wichtig. Aber die Tatsache, damit wieder an seine Vergangenheit erinnert zu werden behagte ihm nicht. Er hatte eigentlich vorgehabt, damit abzuschließen. Ein für alle mal. Und so blieb er auch hier unschlüssig wie so oft in den letzten Tagen.

„Ich muss es mir einfach überlegen," erwiderte er schließlich und er wusste, dass Jeanine ihn niemals drängen würde.

„Ich möchte dich noch etwas anderes fragen." Jeanins Lächeln schwand und sie wurde beinahe erschreckend ernst. Es dauerte eine Weile ehe sie ihr Anliegen aussprach. „Kannst du dir eine gemeinsame Zukunft für uns vorstellen?"

Markus erstarrte. Er hätte ahnen müssen, dass sie diese Frage eines Tages stellen würde, denn die Anzeichen waren zu deutlich gewesen. Doch er hatte sie ignoriert und nicht darüber nachdenken wollen. Nun führte kein Weg mehr daran vorbei. Und im Moment war er mit dieser Frage schlicht überfordert. Er zog die Augenbrauen nach oben und suchte nach Worten, wobei er ihrem Blick auswich.

„Ist schon gut, du musst dich ja nicht sofort entscheiden." Jeanine lächelte wieder. „Ich wollte nur dass du weißt, was ich für dich empfinde. Bitte sei mir nicht böse."

„Das bin ich nicht." Verlegen drückte Markus seine Zigarette aus. Insgeheim war er Jeanine dankbar für ihre Ehrlichkeit und diese schätzte er sehr an ihr. „Ich muss erst meine Gefühle auf die Reihe bekommen. Ich bin etwas durcheinander."

„Das verstehe ich doch." Jeanines Stimme hatte ihren Liebreiz zurück gewonnen. „Lass dir so viel Zeit wie du brauchst. Ich laufe ja nicht weg."

„Nein, das tust du nicht." Markus lächelte. Sie war die einzige, die all die Jahre zu ihm gestanden und ihn nie im Stich gelassen hatte. „Trotzdem danke für das Angebot. Es ist unglaublich verlockend." Und damit hatte er recht. Denn sollte Markus je eine Beziehung eingehen wollen, dann wäre Jeanine die Frau seiner Wahl. Markus leerte seine Tasse.

„Möchtest du noch etwas trinken oder sollen wir zahlen?" fragte Jeanine und trank ebenfalls aus.

„Wir könnten noch ein wenig durch die Innenstadt schlendern," antwortete Markus und war froh, dass das vorige Thema nicht vertieft wurde.

„Eine gute Idee, ich wollte ohnehin noch ins Kaufhaus. Kommst du mit?"

Markus sagte zu und sie bezahlten die Rechnung. Bis in den Abend hinein schlenderten sie noch durch die Altstadt, kauften ein oder bummelten an den Schaufenstern vorbei. Nachdem sie in einem chinesischen Restaurant zu Abend gegessen hatten verabschiedeten sie sich. Markus haucht Jeanine zum Abschied einen Kuss auf die Wange, etwas, das er zuvor noch nie getan hatte.

Die nächsten Tage verbrachte Markus meist alleine in seiner Wohnung. Nur zwei mal verließ er das Haus um einzukaufen oder einige Formalitäten auf dem Finanzamt zu regeln. Er telefonierte viel mit Jeanine und auch mit seinem Bruder, die er beide am Donnerstag treffen würde. Er spielte noch mit dem Gedanken in die psychiatrische Klinik zurück zu kehren um Edna und die anderen zu besuchen, doch er entschied sich dagegen. Edna wäre vermutlich die einzige, die er dort noch kennen würde. Die anderen wären vermutlich längst entlassen worden. Zudem wollte er nicht an Vergangenes erinnert werden, auch wenn er Edna versprochen hatte sie zu besuchen. Seine Lesung bereitete Markus sehr gründlich vor. Bedacht wählte er Bücher und Textstellen aus, überlegte sich Kommentare und Überleitungen und notierte alles auf einen kleinen Zettel. Mit seinem neuesten Werk kam er auch gut voran, war jedoch bei weitem nicht so zufrieden damit wie früher. Schließlich war der Donnerstag Nachmittag heran.

Der Buchladen lag am Rande des Stadtzentrums und gleich hinter der Altstadt. Es war ein moderner Bau mit großer Glasfront, der unmittelbar an einem Platz lag, der von einer modernen Skulptur und einem rechteckigen Springbrunnen mit zwölf Fontänen geschmückt war. Das Geschäft war mit Fahnen und Girlanden verziert und über dem Haupteingang trug ein Banner die Aufschrift *Neueröffnung*. Markus hielt zielstrebig darauf zu. Er war nervös und konnte das Zittern seiner Hände nur mühsam unterdrücken, vor allem als er die Menschenmenge vor und in dem Buchladen sah. Es waren mindestens einhundert Leute. Er bog ab und suchte den Hintereingang, den man ihn zu benutzen gebeten hatte. Er atmete auf als sich die Tür hinter ihm schloss.

Noch im Flur fing ihn ein Mann mittleren Alters ab, der wohl der Geschäftsführer der Filiale war. Er begrüßte

Markus überschwänglich und führte ihn in einen Nebenraum, der offensichtlich für das Personal gedacht war. Es war ein nüchterner Raum mit karger Möblierung, dafür lagen hier Packen von Büchern, die darauf warteten in die Regale der Verkaufsräume eingeordnet zu werden. Auf einem Tisch standen Getränke und Snacks für den Künstler bereit. Markus war der ganze Aufwand und Trubel unangenehm, er mochte es nicht hofiert zu werden und fragte sich, wo wohl sein Bruder war. Noch war es eine gute halbe Stunde bis zu Markus' Auftritt. Es entstand der übliche Smalltalk, dem Markus wenig Bedeutung beimaß, doch zumindest lenkte er ihn ein wenig ab, denn seine Nervosität steigerte sich ins Unermessliche. Und für einen kurzen Augenblick wünschte er sich Moritz zurück. Schließlich war es soweit und Markus musste sich seinen Lesern stellen. Er atmete tief ein und betrat den Verkaufsraum.

Unzählige Bücher lagen auf Glastischen oder waren alphabetisch in die Regale eingeordnet. Unweit des Ausgangs befand sich der Tresen mit zwei Kassen. Helles Licht der Leuchtstoffröhren strahlte von der Decke und spiegelte sich auf den glänzenden Fliesen am Boden, schwarz-weiße Fliesen die wie ein überdimensionales Schachbrett wirkten. Unweit der Tür, die zu den Personalräumen führte, befand sich ein breiter, ausladender Tisch, der für Markus bestimmt war und daneben ein Stuhl mit einem Karton voller Bücher, die von ihm stammten. Vor der improvisierten Bühne erstreckte sich eine Menschenmenge, die fast bis zum Eingang reichte und Markus mit einem begeisterten Applaus begrüßte. Unter ihnen entdeckte er auch seinen Bruder und dessen Frau.

Markus setzte sich. Der Filialmanager begrüßte nun die

118

Gäste und sprach einige Worte zur Einleitung. Dann trat er zur Seite und alle Aufmerksamkeit richtete sich auf Markus, dessen Herz bis zum Hals schlug. Er hatte sich gründlich auf die Lesung vorbereitet, doch seiner Angst vermochte er nicht zu entrinnen. Er schlug das erste Buch auf, kommentierte den zu vorgesehenen Text und begann schließlich zu lesen. Das Publikum hing ihm förmlich an den Lippen und zunehmend fiel es Markus leichter. Je weiter er las, desto mehr verflüchtigte sich seine Nervosität. Dennoch fühlte er sich nicht wohl an diesem Ort. Er schien ihm kalt und steril. Immer häufiger ließ er zwischen den Absätzen seinen Blick über das Publikum wandern. Er suchte nach Jeanine, doch konnte er sie nirgends entdecken. Nach knapp einer Stunde war die Lesung beendet und nach einer kurzen Pause begann die Autogrammstunde. Die Leute standen nun in einer langen Schlange, die kein Ende zu nehmen schien. Geduldig signierte Markus die Bücher. Er konnte mit der Lesung zufrieden sein.

Weitere eineinhalb Stunden später fand sich Markus mit dem Filialleiter wieder in dem kleinen Raum ein, von wo aus alles begonnen hatte. Mittlerweile standen neue Getränke auf dem Tisch und auch eine Flasche Sekt mit den zugehörigen Gläsern. Auch Martin und seine Frau Karin waren hier und hatten auf ihn gewartet. Markus selbst fühlte sich von einem Alpdruck befreit, denn größere Menschenmengen machten ihm Angst und er hasste es bewundert und verehrt zu werden. Es machte ihn verlegen. Martin ging direkt auf seinen Bruder zu.

„Eine fantastische Lesung. Du kannst stolz auf dich sein. Gratuliere!"

Markus lächelte gezwungen. „Danke." Der Filialleiter öffnete indes die Sektflasche, füllte die Gläser und brachte einen Toast aus. Bald darauf verschwand er wieder im Verkaufsraum.

„Ich könnte jederzeit noch mehr Lesungen organisieren. Auch Interviews mit Zeitungen und Magazinen. Das wäre eine prima Werbung." Martin nahm einen Schluck aus seinem schlanken Glas und sah Markus erwartungsvoll an. Doch dieser wusste nicht, ob er den Vorschlag seines Bruders annehmen wollte. Und so zögerte er mit einer Antwort.

„Lass dir Zeit. Es muss eine große Umstellung für dich sein. Wir müssen ja nicht alles hier und jetzt machen." Martin setzte sein Glas auf dem Tisch ab ehe er fort fuhr. „Schön, dass du jetzt normal bist."

Markus Gesicht wurde ernst und er ließ das fast volle Glas sinken, an dem er ohnehin nur genippt hatte. „Normal? Bin ich das? Was ist normal? Was verstehst du darunter?"

Martin starrte seinen Bruder einen Lidschlag lang an, ehe er verlegen zur Seite sah. „Ich meine... Du warst so lange krank und hast in deiner eigenen Welt gelebt." Martins Stimme wurde wieder fester. „Jetzt kannst du dein Leben richtig genießen."

Markus setzte sein Glas auf dem Tisch ohne den Blick von seinem Bruder zu wenden. „Was verstehst du unter normal?" Er wiederholte die Frage, der Martin ausgewichen war. Karin sah Markus verwundert an, während dieser nach Worten suchte.

„Ich meine halt so wie alle anderen auch."

„Sind sie das denn? Ein jeder ist anders und niemand hat das Recht den Begriff normal zu definieren, nicht auf Menschen bezogen. Auch du nicht." Markus richtete sich auf und erschien noch größer als er war, zumal Martin einige Zentimeter kleiner war. Dieser atmete hörbar aus.

Ihm war das Thema sichtlich unangenehm.

„Lass uns über etwas anderes sprechen," meinte er schließlich mit gesengter und resignierter Stimme. Markus kehrte in die Wirklichkeit zurück. Sein Zorn war ebenso rasch verflogen wie er aufgekommen war.

„Du hast recht. Entschuldige bitte. Ich wollte nicht unhöflich sein." Leere machte sich in Markus breit. Und Ernüchterung. Der Stolz über die gelungene Lesung hatte sich aufgelöst. Martins Gesichtszüge dagegen entspannten sich zusehends.

„Ist schon in Ordnung. Wie weit ist dein neues Buch denn?" Er wechselte rasch das Thema und hatte Markus' Vorwürfe schon bald vergessen.

„Ich komme voran." Markus' Antwort fiel kurz aus. Er kam mit dem Roman bei weitem nicht so gut voran wie er seinen Bruder glauben machen wollte. Doch er wollte jetzt darüber nicht nachdenken. Seine Phantasie und sein Talent schien ebenso verloren gegangen zu sein wie seine unbeschwerte Lebensfreude. Und beides hatte er stets sehr an sich geschätzt. Nun schien alles so ernst und kompliziert und für einen Moment sehnte er sich zurück in die alten Zeiten zwischen Wohnheim und Psychiatrie.

„Der Verlag wartet schon ungeduldig darauf. Wenn es soweit ist können wir auch eine Lesetour quer durchs Land machen. Der Verlag hat uns seine Unterstützung zugesagt."

Markus nickte. Er hatte hatte nicht das Bedürfnis von Stadt zu Stadt zu reisen. Er hatte die Stadt ohnehin gerade dreimal verlassen. Reisen lag ihm nicht. Er bevorzugte ein festes Umfeld. Der Gedanke aus Koffern leben zu müssen war ihm ein Gräuel. Aber er ließ das Martin nicht wissen. „Warten wir erst einmal ab bis das Buch fertig ist."

Martin nickte. „Bis wann denkst du bist du fertig?"

„Ich denke so in vier Wochen," erwiderte Markus obwohl er wusste, dass er es in dieser Zeit kaum schaffen würde. Doch er wollte das Thema auf sich beruhen lassen.

„Wie geht es dir sonst so? Wie gefällt dir deine neue Wohnung?" Karin tat nach einen Schritt nach vorne auf Markus zu.

Markus lächelte. „Gut. Jeanine und ich haben sie eingerichtet." Er begann von seiner Wohnung zu erzählen und das Gespräch verlor sich zusehends in Belanglosigkeiten. Den Abend verbrachten die drei in einem Restaurant bis Markus schließlich gegen elf Uhr Abends nach Hause kam.

Er hängte seinen Mantel an die Garderobe, ging direkten Weges in das Wohnzimmer und ließ sich in seinen Lehnsessel fallen. Fahl schien der halbvolle Mond durch das Fenster und malte bizarre Schatten auf die antiken Möbel. Tief atmete Markus durch. Die Lesung war ein Erfolg gewesen, doch glücklich war er damit nicht. Der ganze Trubel um seine Person und die Ehrerbietung gefielen ihm nicht. Er war ein bescheidener Mensch, der mit wenig zufrieden war. Neue Freunde hatte er bislang noch keine gefunden. Man brachte ihm Respekt entgegen, doch es war zu viel davon als dass er tiefe Freundschaften hätte eingehen können. Wie einfach war der Umgang mit anderen in der Klinik oder im Wohnheim gewesen. Dort hatte man den Menschen in ihm gesehen und nicht den berühmten Künstler. Und er hatte nie lügen müssen um der Bequemlichkeit wegen oder damit sich andere keine Sorgen machen mussten. Markus vereinsamte und er wusste das. Dazu kam, dass ihm alles fremd war und blieb, die neue Freiheit eingeschlossen. Er hatte gehofft sich daran zu gewöhnen, doch dies war nicht geschehen. Es widersprach einfach seiner Natur. War die neue Welt anfangs wie ein glitzernder Ozean gewesen, so schien er jetzt in diesem zu ertrinken. Es war ein Sprung in das kaltes Wasser gewesen und nun erinnerte er sich daran, dass man ihm nie das Schwimmen gelehrt hatte. Die Freude über die neue Freiheit und das Leben waren im Alltag erkaltet. Alles, was geblieben war, war Ernüchterung.

Markus stand auf und ging in die Küche. Mit einem Glas Mineralwasser kehrte er zum Sessel zurück. Schwer ließ er sich fallen. Das Wasser, das aus dem Glas schwappte und zu Boden fiel, bemerkte er nicht. Starr sah er aus dem Fenster. Er sehnte sich nach den vergangenen Zeiten, wo alles einfacher war. Und die gerade erst einige Wochen zurück lagen. Markus wünschte sich Moritz zurück und fragte sich, was wohl aus dem Plüschhund geworden war. Und dann war da noch Jeanine. Sie war zweifellos der beste Freund, den man sich wünschen konnte. Doch mit der Tatsache, dass sie ihn liebte, wusste er nicht umzugehen. Er wusste nicht einmal ob er sie so liebte wie sie es sich von ihm wünschte. Er hatte Angst um die Freundschaft, die sie beide verband. Gedankenverloren nahm er einen Schluck aus seinem Glas. Markus wusste, dass die Welt, in der er jetzt lebte, nicht die seine war. Er erinnerte sich an das Gespräch mit Martin und fragte sich, was dieser wohl über ihn denken mochte. Sein Bruder würde seine Meinung nie offen aussprechen und auch das war etwas, was Markus störte. Martin hatte ihn immer für zurückgeblieben gehalten, und sein Ausfall vorhin hatte diesen in seiner Meinung wohl bestätigt. Der Filialleiter mochte vielleicht ebenso gedacht haben, war Markus' Lebensgeschichte doch durch die Presse bekannt geworden. Markus fragte sich wie viele Menschen sonst noch ihm gegenüber eine Maske aufsetzten. Er hasste diese Scheinheiligkeit. In der Klinik waren die Menschen wenigstens ehrlich gewesen und hatten offen ausgesprochen was sie dachten. Zumindest meistens. Er hatte immer gewusst woran er war.

Markus trank sein fast volles Glas in einem Zug leer und blickte zum Mond hinauf. Müde war er nicht. Tief atmete er durch. Und er wusste: Wenn das Herz sich nicht mit dem Leben und den eigenen Gefühlen bewegen kann, so muss es sich zum Selbstschutz einmauern. Tut es das nicht, so landet man - in einer psychiatrischen Klinik. Markus stand an einem Scheideweg. Er würde sich schon bald entscheiden müssen.

Am Samstag stand ein Interview für eine Tageszeitung an. Martin hatte sich alle Mühe gegeben den Terminplan seines Bruders zu füllen. Markus beantwortete die Fragen in aller Höflichkeit, doch für ihn war das Gespräch kaum mehr als ein notwendiges Übel. Am Montag sein Bild in der Kunstrubrik der Zeitung sehen zu können bedeutete ihm nichts. Am Wochenende blieb er zu hause, selbst ein Treffen mit Jeanine sagte er unter dem Vorwand sich nicht gut zu fühlen ab. Und in gewisser Hinsicht stimmte dies sogar. Er fühlte sich innerlich zerrissen ohne zu wissen, was er eigentlich wollte. Es war ein schmerzhaftes Gefühl.

Die folgenden Tage verbrachte Markus meist alleine. All die Pläne, die er sich noch vor drei Wochen vorgenommen hatte, blieben Utopie. Er hatte das Theater besuchen wollen, die Oper, wollte Lesungen anderer Schriftsteller lauschen, den Tierpark besuchen und vieles mehr. Nichts davon war geschehen und nichts davon würde geschehen. Er hatte versucht in dieser Welt zu bestehen und sich sogar für den Führerschein angemeldet und einen Termin bei einem Psychotherapeuten vereinbart. Doch alle Versuche waren letztlich vergeblich gewesen. Markus isolierte sich in seiner Unzufriedenheit und Ernüchterung immer mehr. Selbst das Einkaufen wurde ihm zur Qual. Auch den Telefonhörer hob er nicht mehr ab obwohl es mehrfach klingelte.

Eines Nachmittags stand Markus auf seiner Dachterrasse und sah auf die Straße hinunter. Menschen gingen dort ihres Weges oder fuhren mit ihren Autos an unbekannte Orte. Der Himmel war fast wolkenlos und die klare Luft war erfüllt vom Gesang der Vögel. Es war einer jener warmen Tage, die den nahenden Sommer ankündigten. Doch Markus fand keinen Gefallen daran. Zu tief war er in seinen Gedanken verloren. Starr richtete er seinen Blick nach unten und beobachtete die für ihn so fremde Welt, in der doch so viele zu Hause waren. Er war ein Fremder, war ein Besucher. Ein Gast. Mehr nicht. Eigentlich waren das alle, nicht nur er und die Menschen, die er von der Terrasse aus sehen konnte. Sie waren sich dessen nur nicht bewusst. Ebenso wenig wie sie sich des Mannes bewusst waren, der dort oben stand und sie beobachtete. Früher hatten ihn die Mauern der Klinik umgeben. Nun waren die Mauern immer noch da, doch bestanden sie nicht aus Ziegelstein und Putz, sondern aus Einsamkeit, Illusion, Lügen und Trostlosigkeit. Die Mauern waren immer noch da, aber unsichtbar. Aber dafür sehr viel realer. Die Welt hat ihre Farben verloren. So viel Vertrautes fehlte ihm, die Kritzeleien auf der Toilette, der derbe Humor, die Gemeinschaft und der Zusammenhalt der Patienten. All das gab es hier nicht mehr. Tief atmete Markus durch und verharrte für einen Moment reglos. Dann drehte er sich um und warf einen

Blick auf seine Wohnung. Er hatte einen Entschluss gefasst. Er kehrte ins Wohnzimmer zurück und rief Jeanine an.

Es war Samstag, als Markus Jeanine besuchte. Sie hatte ihn bereits erwartet und servierte Kaffee und Kuchen. Ihre Wohnung war sehr modern eingerichtet mit zahlreichen Blumenvasen und Bildern an den Wänden. Lächelnd sah sie ihn an als er neben ihr saß. Markus hatte sich auf dem Weg hierher genau überlegt, was er ihr sagen wollte, doch nun rang er nach Worten ohne die passenden finden zu können.

„Wie geht es Dir?" Jeanine begann das Gespräch mit einer banalen Frage, die Markus Anliegen jedoch im Kern traf.

„Gut," log er, doch korrigierte er sich rasch. „Nun ja, nicht ganz so gut."

„Was ist los?"

„Es ist..." Markus wusste nicht wie er es ihr erklären sollte. Ihm war bewusst dass seine Antwort Jeanine schwer enttäuschen würde. Doch hier ging es um ihn, ging um seine Existenz. „Es geht um... eigentlich alles."

„Was meinst du mit 'alles'?" Jeanine rührte ihren Kaffee um während Markus seine Tasse nicht einmal angefasst hatte.

„Dieses neue Leben, das ich angefangen habe, es... es ist nicht das was ich erhofft hatte." Nun war die Katze aus dem Sack, doch das Schwierigste lag noch vor ihm. Jeanine würde sicherlich alles im Detail wissen wollen.

Jeanine hielt inne. „Aber ich dachte das ist genau das was du wolltest." Sie schien überrascht.

„Das stimmt auch." Markus schien verlegen und griff nach dem Zucker als suchte er eine Ablenkung. „Zumindest tat es das anfangs."

„Was fehlt dir denn? Ich meine du kannst ja jetzt praktisch alles haben, was du möchtest." Jeanines Lächeln war verschwunden, denn sie hatte begriffen, dass Markus auf einem Scheideweg stand.

„Ich vermisse so viel" antwortete Markus und rührte seinen Kaffee um. „Früher war das besser. Ich meine ich habe versucht hier zu finden, was ich brauche, aber dem ist nicht so."

„Du meinst doch nicht dein Wohnheim oder die Kliniken, in denen du warst, oder?" Jeanine nahm einen Schluck Kaffee, doch der Erdbeerkuchen, der auf dem Tisch stand, fand keine Beachtung. Obgleich es Markus' Lieblingskuchen war.

„Nein, natürlich nicht. Jedenfalls nicht direkt." Er atmete tief durch in der Hoffnung seine Nervosität zu lindern. Er lächelte verlegen. „Aber die Menschen dort waren einfach anders. Es war alles ehrlicher und einfacher. Ich weiß nicht wie ich es ausdrücken soll." Zudem störte ihn der ganze Rummel um seine Person, doch er sprach dies nicht aus.

Jeanine stellte ihre Tasse ab und lehnte sich zurück. „Du musst etwas mehr Geduld haben. Es ist alles noch ziemlich neu."

„Ich glaube nicht dass es hilft. Ich würde mich daran gewöhnen, vielleicht. Aber ich würde nicht glücklich sein." Markus nahm einen Schluck Kaffee und sah den Kuchen an. „Selbst das Schreiben gelingt mir nicht mehr so wie früher."

Jeanine dachte nach. „Naja, im Wohnheim oder Klinik brauchtest du dich nicht um viel zu kümmern."

Markus lächelte gezwungen. „Es geht hier nicht um Steuererklärungen, Rechnungen, Verträge oder ähnliches. Es geht um den Begriff..." Er hatte endlich das passende

Wort gefunden. „...Heimat. Ich habe im Wohnheim oder in den Kliniken gelebt seit meine Eltern gestorben sind. Ich habe die Menschen dort kennen und schätzen gelernt. Was mir jetzt fehlt ist die Geborgenheit und Gemeinschaft, die Möglichkeit mich auch mit all meinen Fehlern ausleben zu können. Die Menschen dort waren wie ich, deshalb finde ich hier keine Freunde. Hier draußen setzen die Leute andere Prioritäten. Ich kann nicht hier bleiben ohne mich selbst zu verlieren."

„Du klingst wie vor einem Jahr," stellte Jeanine beinahe erschrocken fest. Sie erkannte, dass der Unfall offensichtlich nicht die Folgen hatte, die sie oder die Ärzte erhofft hatten. Markus wusste das und fühlte sich schuldig ob der Dinge, die er Jeanine nun antat. Und sie ahnte bereits, was er vorhatte. „Gib dir etwas mehr Zeit, es sind doch gerade einmal vier Wochen vergangen."

Aber Markus schüttelte den Kopf. Er war den Tränen nahe. „Es tut mir so leid, Jeanine. Aber ich habe meinen Entschluss bereits gefasst. Jeder Mensch hat einen Schatten, der ihm folgt. Bei manchen ist er hell und kurz, bei anderen nicht. Und meiner ist zu lang für diese Welt."

Jeanine schwieg einen Moment. Sie wusste dass ihre Träume einer Zukunft mit Markus in tausend Scherben zersprungen war. Es dauerte eine Weile ehe sie wieder das Wort ergriff. „Und es gibt keinen Weg dich noch umzustimmen?"

„Nein." Markus senkte seinen Blick. „Ich wünschte es wäre anders gekommen. Aber mein Entschluss steht fest. Es tut mir leid." Seine Stimme zitterte beim letzten Satz. Früher war es oft der Verstand, der das Handeln diktiert hatte und die Gefühle hatten sich widersetzt. Diesmal war es umgekehrt, denn der Verstand hoffte noch immer in dieser so fremden Welt bestehen zu können. Aber das

Herz hatte sich entschieden. Markus hob seinen Kopf und blickte in Jeanines traurige Augen. Es schmerzte ihn seine beste Freundin so verletzten zu müssen.

„Das muss es nicht." Jeanine versuchte zu lächeln. „Es war naiv zu glauben dass jetzt alles anders würde. Das wichtigste an allem ist, dass du glücklich bist. Der Rest ist unwichtig." Sie nahm ihre Tasse in die Hand, trank jedoch nicht. „Ich wünsche dir nur das beste. Das habe ich immer getan. Ich kann dich verstehen."

„Ich weiß." Vor allem Jeanines letzte Worte waren Markus wichtig. „Wirst du auch weiter zu mir stehen?"

„Aber natürlich werde ich das. Das weißt du doch."

Markus nickte. Natürlich wusste er es. Jemanden wie Jeanine an seiner Seite zu haben war mehr als er erwarten konnte. Er war glücklich sie nicht zu verlieren. Es war mehr als er erhofft hatte.

Er stand auf. Jeanine stellte ihre Tasse ab und folgte Markus zur Garderobe.

„Wir werden uns bald wiedersehen." Markus lächelte und dieses Lächeln war entspannt und glücklich. Zum ersten mal seit Wochen.

Jeanine umarmte ihn zärtlich. „Pass auf dich auf. Versprich mir das!"

„Das werde ich. Mach dir um mich keine Sorgen."

„Ich wünsche dir viel Glück."

„Danke." Markus erwiderte die Umarmung und eine scheinbar endlose Zeit verharrten beide so. „Dann bis bald."

„Bis bald." Jeanine ergriff zum Abschied Markus' Hand und es fiel ihr schwer sie wieder loszulassen. Markus öffnete derweil die Haustür und warf Jeanine einen letzten Blick zu. Sie sah ihm noch lange hinterher. Dann verschwand er im Treppenhaus. Ihre Sorgen waren deutlich in ihrem Gesicht zu erkennen. Wohin Markus ging wusste Jeanine nicht. Doch sie ahnte es.

Epilog

Es war ein Freitagabend, als das Telefon klingelte. Seit sechs Tagen war Markus nun schon unauffindbar und Jeanine hatte längst begonnen, sich Sorgen zu machen. Sie hob den Hörer ab. Am anderen Ende der Leitung war Dr. Ostler, der Jeanine mitteilte, dass Markus sich wieder in der Klinik befand. Ihr fiel ein Stein vom Herzen. Markus war wieder da und er war wohlauf. Jeanine verlor keine Zeit. Sie griff nach ihrem Mantel und verließ das Haus.

Kaum eine dreiviertel Stunde später betrat sie die Station. Es war die gleiche, aus der Markus zuletzt entlassen worden war. Nichts schien sich verändert zu haben, nur die Patienten waren nun andere. Jeanine stand am Eingangsbereich nahe der Sitzgruppe und dem Telefon. Drei Patienten saßen auf der Couch und dem Sessel und unterhielten sich. Die Krankenschwestern im Schwesternzimmer schienen beschäftigt, so dass Jeanine beschloss kurz zu warten.

„Wieso heißt das Rahmschnitzel?" fragte einer der Patienten. Es war ein etwa Vierzigjähriger mit wirrem Haar und zittrigen Fingern.

„Weil das mit frischem Rahm zubereitet wird," erwiderte die Frau ohne von der Illustrierten aufzusehen, die sie gerade las.

„Ist doch klar, Mensch. Ein Schweineschnitzel wird auch aus Schweinen gemacht," meinte der andere, wesentlich jüngere Mann

„Hm, der erste Patient wurde nachdenklich. „Letzte Woche gab es doch Jägerschnitzel. Meinst du die kriegen die Jäger auch frisch geliefert?" Dann nahm er die Hand vor den Mund und schien sichtlich erschrocken. „Mein

131

Gott, ich habe gehört, es gibt sogar Kinderschnitzel!"
Jeanine grinste ob des doch sehr makabren Humors.
Schließlich schickte sich eine der Krankenschwestern an,
dass Zimmer zu verlassen und Jeanine ging direkt auf sie
zu. Nach einem kurzen Wortwechsel holte diese Markus
aus seinem Zimmer, denn auf den Patientenzimmern war
kein Besuch erlaubt. Nur wenig später stand Markus vor
Jeanine und die Umarmung war so innig wie seit langer
Zeit nicht mehr. Nach fast einer Minute lösten sich beide
wieder. Markus sah überraschend gut aus. Und stolz hielt
er Moritz im Arm. Jeanine erkannte nun, warum er so
lange verschwunden war. Er hatte seinen treuen Begleiter
gesucht. Markus lächelte, so entspannt und gelöst wie seit
seinem Unfall nicht mehr.

„Ich bin wieder zu hause," sprach er und Jeanine begann
zu weinen. Ob aus Freude oder Trauer wusste sie nicht.
Er war wieder zu hause. Und vielleicht war das alles, was
letztendlich zählte.

Ende